AF260241

SIMPLE OPINION

D'UN

ÉLECTEUR

A MESSIEURS NOS GOUVERNANTS, MESSIEURS DE L'ACADÉMIE DES SCIENCES MORALES ET POLITIQUES, MESSIEURS NOS PENSEURS, NOS JOURNALISTES ET NOS PUBLICISTES, ET D'UNE MANIÈRE GÉNÉRALE A TOUS CEUX QUI ONT QUELQUE INFLUENCE SUR L'OPINION PUBLIQUE.

LA ROCHELLE

IMPRIMERIE A. SIRET, RUE DE L'ESCALE, 23

1880

SIMPLE OPINION

D'UN ÉLECTEUR

SIMPLE OPINION

D'UN

ÉLECTEUR

A MESSIEURS NOS GOUVERNANTS, MESSIEURS DE L'ACADÉMIE
DES SCIENCES MORALES ET POLITIQUES, MESSIEURS NOS
PENSEURS, NOS JOURNALISTES ET NOS PUBLICISTES, ET
D'UNE MANIÈRE GÉNÉRALE A TOUS CEUX QUI ONT QUELQUE
INFLUENCE SUR L'OPINION PUBLIQUE.

LA ROCHELLE

IMPRIMERIE A. SIRET, RUE DE L'ESCALE, 23

—

1880

SIMPLE OPINION

D'UN ÉLECTEUR

A Messieurs nos Gouvernants, Messieurs de l'Académie des sciences morales et politiques, Messieurs nos Penseurs, nos Journalistes et nos Publicistes, et d'une manière générale à tous ceux qui ont quelque influence sur l'opinion publique.

MESSIEURS ,

En voyant que vous ne pouvez réussir à vous mettre d'accord, sur ce qu'il convient de faire pour agir au mieux des intérêts et des besoins du pays, et sur la solution à donner à la plupart des questions qui l'intéressent, j'ai cherché à me former une opinion sur ces sujets si importants, afin de savoir, Messieurs, quels sont ceux d'entre vous qui sont dans le vrai, pour me rallier à eux.

Après de nombreuses et laborieuses méditations, je crois y être parvenu, et comme mon opinion diffère, en beaucoup d'endroits, de celles exprimées jusqu'à présent, qu'elle contient des aperçus nouveaux, une découverte même en matière politique et sociale, je viens vous demander la permission, Messieurs, quoique je sois un petit électeur bien obscur, de vous l'exposer, afin que si elle est fondée, ce que vous êtes si bien à même de juger, vous puissiez en faire profiter le pays.

, Si j'ai cette hardiesse, c'est qu'il m'est apparu qu'aujourd'hui, dans notre société française, chacun contribuant d'une manière égale non pas à décider de ces questions, mais à nommer ceux qui en décident, il est du devoir de tous de s'en occuper, de les examiner, étudier, et lorsqu'on croit avoir fait quelque découverte de venir l'indiquer, la montrer, que ce n'est qu'à ces conditions qu'on a toutes chances de choisir les meilleurs candidats, ceux qui prendront les meilleures décisions, et par suite d'obtenir les meilleures institutions et les meilleures lois ; que la cause du progrès a besoin du concours de tous, aussi bien des plus humbles, des plus pauvres, des plus ignorants que des plus hauts placés, des plus riches et des plus instruits ; qu'il arrive souvent que Dieu, dans ses secrets et mystérieux desseins permet que ce soient justement ceux-là, les petits, les humbles, les ignorants, qui fassent les plus grandes découvertes, aperçoivent les plus grandes vérités.

Mais sans instruction et sans habitude d'écrire, je sais d'avance que, malgré toute la bonne volonté que je vais mettre, et les efforts que je vais faire, je suis condamné à l'impuissance de m'exprimer aussi bien qu'il conviendrait et que je l'aurais désiré. Je vous en présente tout de suite mes regrets et vous en fais mes excuses, Messieurs, vous priant de vouloir bien vous montrer indulgents, et prendre quand même connaissance de mon travail, en ne vous attachant qu'au fond, aux idées qui s'y trouvent, et non à la forme.

Inconnu et sans appui, je ne me dissimule pas cependant, Messieurs, combien j'aurais eu besoin de déployer de talent pour arriver à vous intéresser à ces idées, peut-être même à me faire lire, mais j'espère en la Providence, j'espère que si réellement il lui a plu de faire luire à mes yeux des vérités ayant de la valeur, elle permettra que quelqu'un d'entre vous, Messieurs, m'entende, s'en aperçoive et vous le fasse ensuite reconnaître à tous.

I

Des vraies grandes questions intéressant l'humanité, et des principes suivant lesquels elles doivent être résolues.

Dieu, en plaçant les hommes sur la terre, leur a laissé, n'est-il pas vrai, Messieurs, liberté pleine et entière de vivre, comme bon leur semblerait, isolés ou en sociétés, et s'ils formaient des sociétés, d'en établir les conditions et de les organiser aussi comme bon leur semblerait.

Les hommes s'étant arrêtés à ce dernier parti, ce dont on ne saurait trop les féliciter, et ce qui du reste était pour ainsi dire forcé, car il est difficile de se représenter et d'admettre même un monde où les hommes vivraient seuls, isolés les uns des autres, sans rapports entre eux, les hommes, disons-nous, s'étant constitués en sociétés, ont à organiser ces sociétés.

Cette œuvre d'organisation comporte évidemment une infinité de questions, dont les principales sont la question de la famille, qui semble avoir été résolue à la satisfaction de tous, ne donner lieu à aucune réclamation importante et dont, par suite, il n'y a pas lieu de se préoccuper, — la question politique, qui consiste à trouver le meilleur système de gouvernement, et la question sociale, qui est multiple et comprend, à proprement parler, toutes les questions qui intéressent l'humanité, même les deux que nous venons d'indiquer, mais que l'on fait consister à dire quel est en principe le meilleur système de société, le système le plus avantageux, le plus profitable à chacun de ses membres.

Il est même une autre grande question, la question religieuse ; mais il n'est pas certain que cette question fasse partie de l'œuvre d'organisation sociale. — Il est bien possible qu'elle ne soit pas de la compétence seule des hommes, et qu'il faille l'intervention de la divinité pour la résoudre.

En dehors de ces questions, nous n'en voyons plus d'autres grandes capables de préoccuper, agiter et troubler profondément les nations. — Nous n'en voyons plus qu'une seule peut-être possible, celle pouvant résulter de la crainte manifestée par Malthus dans son fameux problème : *Que le nombre des habitants, chez les nations, arrive à surpasser ce que le sol en peut nourrir* » ; mais en admettant qu'une chose semblable soit possible, que la population puisse augmenter de telle sorte que la production de la terre soit insuffisante pour fournir à ses besoins, nous espérons qu'elle ne se produirait pas, parce que, comme le dit très bien Malthus, il est au pouvoir des hommes, par une sage prévoyance, d'y mettre obstacle, et que nous sommes convaincu que Dieu inspirerait cette prévoyance aux hommes, qu'il ne peut être entré dans ses vues en créant le monde de le vouer à sa perte, ou tout au moins de le mettre dans l'obligation d'attenter à la vie d'une portion de ses membres, pour conserver celle de la portion restante.

Toutes les autres ne nous paraissent plus pouvoir être que des questions secondaires, de détail, si on peut s'exprimer ainsi, dont la solution ne pourra jamais présenter d'aussi grandes difficultés, et faire courir d'aussi grands dangers au pays.

Ces questions politique, sociale et religieuse sont donc, pour les nations et l'humanité, les vraies grandes questions, les questions importantes par excellence, celles qu'elles ont le plus d'intérêt à résoudre, car leur solution doit leur révéler, en principe, d'une manière définitive, les droits et les devoirs de chacun de leurs membres, le sort auxquels ils peuvent prétendre, et améliorer ce sort autant qu'il est possible.

Ce sont ces questions qui ont été, de tout temps, le principal sujet de discorde entre les hommes, et qui ont amené sur les nations la plupart, pour ne pas dire toutes les crises, les malaises, les souffrances, les désastres, les tourmentes, les tempêtes, les révolutions et les guerres qu'elles ont eu à supporter, et qui ont conduit certaines d'entre elles à leur ruine et à leur perte. — Il en sera de même tant que ces questions n'auront pas reçu leur solution définitive et vraie, et tant que la chose n'aura pas été établie en termes nets, précis, probants, concluants, impossibles à contredire.

Mais nous pensons que, lorsque ces trois grandes questions auront été résolues, ou plutôt les deux premières, car la solution de ces deux questions permettra de chercher et attendre patiemment la solution de la troisième, sans que les nations aient à redouter rien de bien grave, et lorsque cette solution sera établie dans les termes que nous venons d'indiquer, le monde pourra entrer dans une ère de calme, de tranquillité, de prospérité, d'abondance, de bien-être, de bonheur, qu'il fera des inventions, des découvertes rendant moins pénible la tâche de labeurs qu'il doit fournir; — qu'il arrivera peut-être à l'âge d'or des anciens chanté par les poètes.

Il importe donc au plus haut point de trouver, si ce n'est déjà fait, la solution de ces grandes questions et de la mettre hors discussion.

L'humanité, depuis qu'elle existe, s'occupe de cette grande œuvre. Toutes les générations qui se sont succédé dans le monde y ont travaillé consciemment ou inconsciemment; et malgré cela, il ne semble pas qu'on soit parvenu à l'accomplir, ni même à l'avancer beaucoup, car ces questions paraissent exister absolument comme au premier jour, et même se poser plus catégoriquement, et se dresser plus menaçantes que jamais. Elles divisent et passionnent les esprits tout autant qu'autrefois, plus peut-être, et l'on peut adopter indifféremment l'une quelconque des opinions existantes, sans pouvoir être taxé de mauvaise foi par personne de raisonnable, de sensé et de sérieux.

Nous sommes cependant convaincu que cette œuvre, les hommes, que Dieu a doués d'intelligence et de raison, sauront l'accomplir, et qu'elle n'est pas au-dessus de leurs forces.

Mais c'est qu'avant 89, qui a éclairé d'une si vive lueur la marche du monde, notre nation et les nations les plus civilisées, avec le peu de lumière et d'instruction qu'elles possédaient, allaient bien lentement en matière de progrès.

C'est que si, de nos jours encore, il faut bien du temps et de la peine pour réaliser la moindre amélioration, on comprend, sans en être trop étonné, qu'il n'ait pas été possible jusqu'à présent, malgré tous les efforts qu'on a pu faire, d'accomplir cette grande œuvre, qui constituerait le plus grand progrès que les hommes auraient pu réaliser jusqu'à présent, et l'un des plus grands, sinon le plus grand encore, de ceux qu'ils pourront réaliser dans l'avenir.

Au reste, nous croyons que cette œuvre est beaucoup plus avancée qu'on ne le pourrait croire au premier abord, et qu'elle en est au point où nous n'avons plus qu'un seul effort à faire pour pouvoir ensuite l'accomplir, sans grande peine et grande difficulté.

Voici, pour notre pays, où en sont ces questions :

En ce qui concerne la première, les Bonapartistes, les Légitimistes et les Orléanistes soutiennent qu'elle n'est pas résolue, et qu'elle ne le sera que lorsque le pouvoir appartiendra à un empereur ou à un roi de leur choix. D'autre part, ceux qui se disent les représentants du progrès, qui l'ont été

en effet à un moment, qui auraient pu et pourraient encore
si bien continuer à l'être, s'ils le voulaient, les Républicains
affirment que, depuis l'avènement de la République, cette
question politique est résolue ; que le pays fait maintenant ses
affaires lui-même et comme il l'entend. Enfin les radicaux
déclarent, comme les premiers, que la question existe encore.
Ils disent que les élus du pays n'agissant pas toujours selon ses
volontés, ses affaires ne se trouvent pas toujours faites à son
gré, et ils proposent le mandat impératif comme solution.

La seconde des questions, la question sociale, ne paraît
admise que par les radicaux. Tous les autres partis, républicains, bonapartistes, légitimistes et orléanistes la nient. Ils
veulent sans doute dire par là qu'elle se trouve résolue. Il n'est
pas présumable qu'ils veulent dire qu'elle n'ait jamais existé,
car ce serait nier l'existence même des sociétés. — Dès l'instant
où il existe des sociétés, il y a, ou il y a eu, pour chacune d'elles,
une question sociale, c'est-à-dire, comme nous l'avons déjà
expliqué, la question de savoir comment elles devaient être
organisées.

Il n'est pas à notre connaissance que les radicaux les plus
en vue, les chefs du parti, proposent aucun moyen pratique de
résoudre cette dernière question. Ils paraissent se borner à
critiquer l'état de choses existant, sans indiquer clairement ce
qu'il faudrait mettre à la place. Seuls, les radicaux qui ont
pris part au Congrès ouvrier de Marseille ont formulé un programme ; mais ce programme, qui consiste principalement à
condamner deux de nos meilleures institutions, le capital et la
propriété, et à en demander la suppression, est extrêmement
mauvais et dangereux, et il ne faut pas l'adopter.

Les méditations auxquelles je me suis livré m'ont fait dé-
couvrir que ces questions ne peuvent être résolues, d'une
manière vraie et définitive, que conformément à deux grands
principes qui sont le droit et la justice, le droit c'est-à-dire les
droits ressortant pour chacun de nous de la condition primitive
de l'humanité, de l'état de nature, la liberté et l'égalité ; mais

le droit tempéré par la justice, c'est-à-dire la liberté et l'égalité, en tant qu'elles sont justes, et elles sont justes, quand elles sont égales pour tous, et qu'elles ne sont contraires ni à la morale ni à l'ordre public ; et c'est à l'intelligence, à la raison et à la conscience humaine qu'appartient et qu'il faut laisser le soin de déterminer ici la mesure.

C'est ainsi, croyons-nous, que ces grands principes de liberté et égalité, doivent être entendus ; la restriction que nous venons d'indiquer est celle qu'il convient d'y apporter, pour qu'ils soient justes et bienfaisants. Il ne faut pas laisser aux nations, ou plutôt qu'elles se réservent, car en ces matières ce sont elles qui sont souveraines maîtresses d'agir comme elles l'entendent, ainsi que nous l'établirons plus loin, la liberté et l'égalité sans restriction et sans limite, car la liberté et l'égalité, dans ces conditions, c'est le droit pour chacun de nous de battre, maltraiter, tuer son voisin, c'est un droit égal au sien sur ce qui lui appartient, son champ, sa demeure, ses provisions, ses outils, ses récoltes, soit des choses injustes et mauvaises qu'il ne sera jamais bien, croyons-nous, que les nations possèdent. Elles ne pourraient être exemptes de danger que dans un cas, si tous les hommes étaient parfaits ; mais le monde ne sera sans doute jamais appelé à vivre dans un si heureux temps. Dans tous les cas, il en paraît bien éloigné en ce moment.

Droit et justice, ou ce qui est exactement la même chose, liberté et égalité justes, tels sont deux des grands principes qui régissent le monde, et qu'il convient de suivre en matière politique et sociale ou d'organisation sociale, c'est-à-dire pour toutes les questions qui concernent l'humanité.

Ces principes ne sont autres que ceux trouvés et proclamés par nos pères en 89. Ils forment les deux premiers termes de leur fameuse et immortelle devise ; mais nos pères ne les avaient pas suffisamment ni nettement définis, ils n'y avaient pas apporté la restriction nécessaire pour qu'ils soient justes.

D'un autre côté, cette devise de nos pères contient un troisième terme : fraternité, qui est de trop, n'est pas fondé et qu'il faut retrancher. La fraternité n'est pas, comme la liberté et l'égalité, un droit ressortant pour chacun de nous de l'état de nature. Nous ne sommes pas plus nés avec droit à la fraternité que nous sommes nés la devant. La fraternité est simplement un sentiment excellent à la vérité, qui honore ceux qui l'éprouvent, qu'il serait à désirer que l'on rencontrât chez tous les hommes, et qu'on y rencontrera, nous en avons la conviction, lorsque les principes que nous venons de poser auront été adoptés et seront suivis, mais qu'on ne doit pas, et qu'on n'a pas le droit de chercher, par des lois, à forcer les hommes à avoir, car forcer les hommes à la fraternité, c'est porter atteinte à l'un de leurs deux droits, la liberté. Ce troisième terme de la devise de nos pères est donc en contradiction flagrante avec le premier.

Et c'est pour ces raisons, parce que cette devise de nos pères n'avait pas été suffisamment définie et laissait à désirer, qu'elle n'a pas produit toutes les heureuses conséquences qu'on pouvait en attendre, et qu'on s'est trouvé embarrassé souvent, lorsqu'il s'est agi de l'appliquer.

Il n'y a que les institutions et les lois reposant sur ces principes, tels que nous venons de les poser et les définir, qui soient susceptibles de rester et de durer. Toutes les autres sont infailliblement destinées à périr, passer, et à être remplacées, jusqu'à ce qu'elles arrivent à être en parfaite harmonie avec eux; et cela parce que, en ces matières, ces principes sont la justice et la vérité même, le but final à attendre, désiré par tous les peuples, après lequel il n'y a plus rien.

Toutes les nations ne sont pas en état de supporter l'application de ces principes, en toutes choses, et notamment en ce qui concerne les grandes questions dont nous venons de parler, les questions politique et sociale. Il n'y a que les nations avancées en civilisation, ou ce qui est exactement la même chose, les nations instruites, car c'est le degré d'instruction des nations qui marque leur degré de civilisation, qui le puissent, et il est, croyons-nous, désirable qu'il n'y ait qu'elles qui l'essaient. Rien ne serait plus dangereux, pour celles qui ne sont pas suffisamment·prêtes, que de tenter une chose pareille; mais il y a lieu de remarquer que lorsque les nations ont atteint ce degré de civilisation, ou lorsqu'il dépend de leur volonté de le faire, il leur faut forcément adopter ces principes et en poursuivre l'application, sous peine de déchoir, tomber, périr.

Il y a eu dans l'antiquité des sociétés, et notamment les sociétés grecque et romaine, qui auraient pu, si elles l'eussent voulu, en faisant l'instruction du peuple, atteindre ce degré de civilisation et d'instruction, et se trouver ainsi en état d'adopter ces principes et d'en supporter l'application, et ces nations, qui ont jeté un si vif éclat dans les sciences, les lettres, les arts, sont tombées pour ne pas l'avoir fait.

Nous sommes, nous aussi, en ce moment, de même que les nations les plus civilisées, dans la situation de ces sociétés grecque et romaine. Nous pouvons, si nous le voulons, en faisant l'instruction du peuple, atteindre ce degré de civilisation, et il est bien à craindre que si nous ne le faisons pas et n'adoptons pas ensuite ces principes, et ne les appliquons pas à la solution des questions qui peuvent se poser pour nous, et notamment aux deux grandes questions politique et sociale, nous n'ayons le même sort qu'elles.

Par conséquent, pour agir en ce moment au mieux des intérêts de notre nation et des nations les plus civilisées, il faudrait donc instruire le peuple, et adopter ensuite les deux grands principes, droit et justice ou liberté et égalité justes, et résoudre selon ces principes les deux grandes questions politique et sociale.

Je crois avoir trouvé les moyens à employer pour faire promptement l'instruction du peuple.

Je crois, en outre, avoir découvert la solution conforme aux deux principes, droit et justice, de l'une des grandes questions dont nous venons de parler : la question politique. Il m'est apparu que cette question, qui semble si compliquée, est comme toute chose en ce monde, aussi simple qu'il est possible, et que sa solution peut être formulée en quelques mots, en une simple phrase.

Mais pour dégager toutes ces choses, il m'a fallu rechercher ce qu'est une nation, en quoi consistent ses affaires, ce qu'est un gouvernement. Je ne crois pas inutile, Messieurs, avant d'aller plus loin, de faire passer cette partie de mon travail sous vos yeux.

Je ne me suis point occupé de la question sociale, d'abord parce que j'aurais craint de ne pas pouvoir arriver à l'élucider, et ensuite parce que je considère que, pour aller sûrement et pour ne pas trop agiter, inquiéter et alarmer le pays, il ne faut pas aborder plusieurs questions importantes à la fois, qu'il ne faut chercher à les résoudre que les unes après les autres; qu'au surplus il y a quelque chose de plus pressé que de résoudre ces questions, c'est de faire l'instruction du peuple, et le mettre ainsi à même de comprendre, reconnaître, vouloir et même trouver lui-même la solution vraie de ces questions.

II

De la Nation. — De ses affaires. — Ce qu'est un Gouvernement. Du Droit et de la Justice en cette matière.

Une nation est une grande association d'hommes composée de tous les sujets de cette nation.

Cette association a pour but d'assurer à chacun de ses membres des avantages que, s'ils fussent restés seuls, isolés, réduits à leurs propres forces, sans rapports entre eux, ils eussent été à tout jamais impuissants à se procurer. Elle a en outre pour objet d'assurer à chacun de ses membres, et réglementer, certains droits qu'elle fait naître, et certains autres droits ressortant pour chacun de nous de l'état de nature, de la condition primitive de l'humanité.

Les principaux avantages que les nations les plus civilisées assurent à chacun de leurs membres, consistent en la sécurité de leurs personnes et de leurs propriétés, c'est-à-dire en l'assurance que personne, pas plus les étrangers que les nationaux, fussent-ils dix, cent, mille contre un seul, ne pourront outrager, maltraiter, battre, tuer ce seul homme, s'emparer de ce qui est à lui, du fruit de son travail, de ce que lui ou ses ancêtres ont amassé ou économisé ou le détruire, s'établir chez lui, dans sa demeure, sa maison, s'il ne le veut pas.

Ces avantages constituent d'immenses bienfaits pour l'humanité, et c'est grâce à eux qu'elle a acquis toutes les connaissances et accompli tous les progrès qui font sa gloire.

Les droits que l'association fait naître, qu'elle assure à chacun de ses membres, et qu'elle réglemente, sont des droits qui ont coûté bien cher à nos pères, qui leur ont fait verser bien des larmes, et qui ont fait couler leur sang à flots. Le droit d'accession pour tous à tous les emplois et fonctions publics; le droit pour tous aussi d'être traités d'une manière égale par la loi; le droit d'embrasser la profession qui convient le mieux, de travailler comme bon semble; le droit plus ou moins étendu, suivant les pays, d'exprimer ses pensées par la parole et par l'écrit; le droit de choisir et pratiquer la religion que l'on veut.

Il n'est pas très exact de dire que ce sont les nations qui font naître les trois derniers droits dont nous venons de parler. Ils ressortent, ainsi que les deux qui vont être indiqués tout à l'heure, pour chacun de nous, de l'état de nature; mais il est certain que si les hommes fussent restés dans l'état de nature, ces droits eussent été réduits à bien peu de chose. Les seules professions eussent probablement été la chasse et la pêche, et alors le premier de ces droits eût été borné au droit de chasser et pêcher comme bon aurait semblé. La parole et l'écriture n'auraient sans doute jamais existé, car pour que le langage et l'écriture existent, il a fallu les inventer, et pour cela que ceux qui en ont eu l'idée, la communiquassent à d'autres hommes, et convinssent avec eux que telles et telles articulations, tels et tels signes voudraient dire telles et telles choses, représenteraient tels et tels objets. Or, ces conventions entre ces hommes n'étaient autre chose que des associations. Je ne vois donc pas en quoi ce droit de parler et d'écrire eût consisté dans l'état de nature, si les hommes n'avaient pas formé des associations. Il en est de même du droit de choisir et pratiquer la religion que l'on veut. Ce droit, qu'eût-il bien pu être en effet si les hommes fussent restés seuls, isolés, sans relation entre eux ? L'idée de Dieu, d'abord, leur serait-elle seulement venue ? Et ensuite, comment auraient-ils pu exprimer les sentiments qu'ils auraient pu éprouver pour lui, puisque le langage et l'écriture n'auraient pas existé ? Sans doute par des cris et des signes ; je ne vois pas d'autres moyens.

D'où il suit, que si les nations ne font pas naître ces droits, elles les développent d'une manière considérable.

Les droits ressortant pour chacun de nous de l'état de nature, et que l'association réglemente, sont deux droits que nous aliénons, dans une certaine mesure, pour jouir des avantages et droits que nous procure l'association. C'est d'abord la liberté illimitée, laissée à chacun de nous par le Créateur, de faire ce que bon nous semble, de battre, maltraiter, tuer notre voisin, si nous le voulons, le pouvons, que nous soyons plus fort que lui, que nous puissions le surprendre, que nous ayons des armes et qu'il n'en ait pas, de nous emparer des provisions qu'il a pu amasser, des vêtements dont il peut se couvrir. En second lieu, les droits égaux des hommes sur la terre, la mer et leurs productions et l'univers entier.

L'association a sa raison sociale, qui est société, pays, nation.

Elles a ses statuts et ses conditions, qui s'appellent constitutions, lois.

Elle a son fonds social, qui se compose de la portion que chaque membre aliène de ses deux droits de nature, des propriétés appartenant à la nation ; les routes, canaux, rivières, domaines, forêts etc. et qu'on appelle pour cette raison propriétés publiques, et d'un double tribut, un tribut en nature ou en personne, par le service militaire, et un tribut en argent, par l'impôt, que chaque associé fournit à l'association. C'est avec ce fonds social, et principalement avec le double tribut dont nous venons de parler, que la nation organise, entretient et rétribue l'armée, la magistrature, l'administration, et d'une manière générale toutes les forces civiles et militaires et services nécessaires pour assurer les divers objets de l'association.

En conséquence, les affaires de cette vaste association, qu'on appelle nation, consistent à assurer à chacun de ses membres les avantages et droits que nous avons fait connaître, et à réglementer les droits que nous avons aussi indiquées, à faire sa constitution et ses lois, à faire valoir et employer le mieux possible le fonds social, notamment le double tribut fourni par chaque associé, à déterminer la quotité de ce tribut, à diriger, surveiller, rétribuer et choisir toutes les forces civiles et militaires, et les services nécessaires dont nous avons parlé à l'instant.

Voilà je crois, quand on réfléchit bien, et en peu de mots, ce qu'est une nation, ce que sont ses affaires. Ces affaires sont plus importantes, ont un caractère plus étendu que celles d'un particulier qui n'a, soit qu'il soit propriétaire, commerçant, industriel ou simplement travailleur, qu'à gérer, et faire valoir ses propriétés, son commerce, son industrie, à tirer parti de ses forces physiques et intellectuelles et de son activité, mais les unes et les autres me paraissent être de même nature, de même essence, car les intérêts dont elles sont composées sont identiques. Ce sont toujours des intérêts de particuliers. Aussi les croyons-nous soumises en toutes choses, et notamment en matière de gestion et administration, aux mêmes lois, aux mêmes règles.

Le gouvernement d'une nation consiste dans le pouvoir de faire, gérer et administrer ses affaires, et il se compose des personnes auxquelles ce pouvoir appartient. C'est le système de gestion et administration choisi, adopté ou suivi par cette nation. Ce pouvoir a appartenu jusqu'ici suivant les pays et les temps à un Roi, et des Seigneurs s'en emparant de leur propre autorité, de par droit de naissance, comme sous les Monarchies de droit divin et le régime féodal, ou à un Roi, un Empereur, un Président de République, et des représentants auxquels il est délégué par la nation elle-même, ou qui le détiennent de son consentement, comme sous les Monarchies ou royautés constitutionnelles et les Républiques. Il est à remarquer que si les nations faisaient elles-mêmes toutes leurs affaires, et que si elles en faisaient elles-mêmes un certain nombre, ainsi que nous en émettrons le vœu plus loin, et faisaient faire les autres par des mandataires, leurs gouvernements se trouveraient com-posés des nations elles-mêmes, pour les premières de ces affaires, et de leurs mandataires pour les autres.

La question politique consiste à trouver le meilleur système de gouvernement, ou ce qui est exactement la même chose, comme nous venons d'en faire la remarque, le meilleur mode de gestion et administration de leurs affaires.

Elle est celle des trois questions, dont nous avons parlé qu'il convient de résoudre la première, parce qu'elle est celle pour laquelle les nations nous semblent les mieux préparées, qu'elles paraissent devoir le mieux comprendre, et que nous croyons sa solution de nature à faciliter l'étude et la solution des deux autres.

Les nations, de même que les particuliers, ne peuvent pro-céder que de deux manières en matière de gestion et adminis-tration de leurs affaires : les faire eux-mêmes ou les faire faire. Cependant il est des cas où il leur est à peu près de toute im-possibilité de les faire eux-mêmes. Ainsi les particuliers peuvent en être empêchés par l'état de leur santé, parce qu'ils possèdent une trop grande étendue de propriétés, que ces propriétés sont trop éloignées les unes des autres, et bien d'autres causes encore. Quant aux nations, il est très peu d'affaires qu'elles peuvent faire elles-mêmes, et elles sont obligées de faire faire les autres. Il n'est pas possible à une nation, c'est-à-dire à l'ensemble des sujets d'un pays, de s'occuper, par exemple, de faire réparer elle-même ses chemins ; je prends cet exemple au hasard, je pourrais en citer mille et mille autres semblables. Comment s'y prendre en effet, si les nations s'occupaient de questions de ce genre, quand il s'agirait de réparer un chemin sur un point donné, d'acheter les matériaux nécessaires, de faire faire la réparation ! Il faudrait donc déranger tous les sujets de cette nation pour demander leur avis. Évidemment cela est impossible, et pour plusieurs raisons. D'abord, parce que si on voulait prendre l'avis de la nation sur toutes les questions de ce genre, on n'en viendrait jamais à bout, la nation siégeât-elle continuellement et ne fît-elle pas autre chose, et pendant ce temps qui travaillerait, qui ferait produire à la terre les fruits nécessaires à l'alimentation des citoyens ? En second lieu, quel avis pourrait-elle donner ? Pour pouvoir donner un bon avis sur n'importe quelle question, il faut examiner les choses et s'en rendre compte par soi-même. Dans mon exemple, il faudrait donc que tous les habitants du pays allassent voir si le chemin a besoin d'être réparé, si les matériaux sont de bonne qualité, si le prix n'en est pas trop élevé, si le travail est bien fait, si le prix de main-d'œuvre n'est pas au-dessus de sa valeur. Cela serait de toute nécessité pour qu'ils puissent donner leur avis en parfaite connaissance de cause, mais cela serait aussi de toute impossibilité , et il n'est pas nécessaire je pense , d'insister pour le démontrer.

Il est donc certain que les particuliers et les nations ne peuvent pas toujours faire leurs affaires eux-mêmes, qu'ils se trouvent dans l'obligation, que leur intérêt leur commande, quelquefois, en ce qui concerne les particuliers, et le plus souvent,

en ce qui concerne les nations, d'en déléguer le soin à quelqu'un, à des mandataires. Les mandataires des particuliers
sont leurs hommes d'affaires, employés, serviteurs, commis, etc.
— Ceux des nations sont leurs Rois, Empereurs, Présidents
de République, Députés, Sénateurs et autres représentants,
ayant le pouvoir de faire leurs affaires, et l'ensemble de ces
mandataires forme comme nous l'avons dit le gouvernement.

Les affaires des nations sont la propriété, la chose de ces
nations, absolument comme celles des particuliers sont la propriété, la chose de ceux-ci, et le droit appuyé sur la justice est,
pour les uns et les autres, de faire jouir et disposer de ces
affaires, comme bon leur semble, et par conséquent d'agir,
comme bon leur semble, en matière de gestion et administration de ces mêmes affaires. Seulement comme chez les nations,
il y a plusieurs, une infinité d'intéressés, tous les membres de
ces nations, qui ont tous des droits égaux, les décisions qui les
intéressent doivent être prises à la majorité de leurs membres.

Les particuliers et les nations, les nations à la majorité de
leurs membres, peuvent donc et ont incontestablement le droit
de faire et décider, ce que bon leur semble, pour la gestion et
administration de leurs affaires ; par exemple, les particuliers
que leurs affaires seront faites non à leur gré, mais à celui
d'une autre personne, les nations, à la majorité, qu'elles seront
faites suivant l'avis la volonté d'un seul, comme cela a eu lieu
autrefois, ou l'avis, la volonté de quelques-uns comme cela a
lieu maintenant. Mais ce seraient-là des idées malheureuses, et
s'ils veulent, les uns et les autres, se conformer aux deux principes droit et justice, et obtenir le meilleur système de gestion
et administration, qui reçoit le nom de gouvernement, lorsqu'il
s'agit des nations, il faut qu'ils adoptent celui qui leur assure
que leurs affaires seront faites à leur gré ; c'est-à-dire qu'ils
pourront faire eux-mêmes, ou faire faire leurs affaires comme
bon leur semble ; pour les nations, comme bon semble à la
majorité de leurs membres, puisque ce sont là les deux seuls
modes de procéder qu'ils puissent employer.

Ce système de gouvernement est bien, pour les uns et pour les autres, conforme aux deux principes droit et justice ; car pour les premiers, leurs affaires étant leur propriété, leur chose, dont ils peuvent faire et disposer, comme ils l'entendent, le droit et la justice veulent bien que ces affaires soient faites, gérées et administrées suivant leur volonté ; et pour les seconds, les nations, leurs affaires étant aussi leur propriété, chacun de leurs membres , y ayant un droit égal , il est conforme au droit et à la justice que ces affaires soient faites selon la volonté de la majorité de leurs membres, chacun d'eux ayant pu contribuer, d'une manière égale, à l'établissement et à la manifestation de cette volonté.

Ce mode de procéder est bien aussi, pour les uns et les autres, le meilleur qu'ils puissent choisir, parce qu'il est le seul leur procurant la possibilité de bien faire leurs affaires , qu'aucun autre ne peut faire davantage, et que c'est là du reste tout ce qu'ils sont fondés à rechercher et demander.

Sans doute, cela ne donne pas plus aux uns qu'aux autres la certitude que leurs affaires seront bien faites, mais cette certitude aucun autre mode de gestion et administration ne peut la leur donner. Il peut encore parfaitement arriver qu'elles soient mal faites, mais si dans ces conditions une chose semblable arrive, c'est alors par la faute de celui, particulier ou nation, dont ces affaires sont la propriété, et comme en somme c'est lui seul qui supporte les conséquences de cette faute, que la grande loi de la responsabilité humaine vient ici atteindre, frapper, c'est là une chose toute simple, toute naturelle, juste, normale et qu'il n'y a pas lieu d'empêcher. Les propriétaires de ces affaires ayant le droit d'en disposer comme bon leur semble, de les détruire, s'ils le veulent, peuvent à fortiori, les gérer ou faire gérer comme ils l'entendent, mal, si cela leur convient, c'est leur affaire, et personne n'a rien à y voir. Leur intérêt leur commande évidemment de bien gérer ou de bien faire gérer, par conséquent de changer leur méthode, leur manière de faire , si elle est uvaise, mais cela les regarde seuls, personne ne peut les y contraindre, et s'ils veulent continuer à mal faire, ils en ont parfaitement le droit, et ce droit doit leur être laissé.

Il n'est pas à craindre, au surplus, que ces propriétaires persistent de gaieté de cœur à mal faire. Ils sont trop intéressés dans la question pour cela. Si la chose arrive, pour les particuliers, c'est qu'ils se seront trompés, mais ils reviendront bien vite à une plus saine appréciation des choses, et changeront sûrement leur manière de faire. Ils n'y a qu'un cas où ils pourraient persister dans leur erreur. C'est lorsqu'ils sont trop inintelligents, trop incapables, ou trop dissipés pour comprendre leur intérêt, quand ils sont idiots, prodigues etc. Mais le code a prévu ce cas, et il dispose qu'en semblable occurence, les parents des particuliers pourront, en remplissant certaines formalités, dessaisir ceux-ci de leur droit de gérer et administrer leurs affaires.

Quant à la nation, à la nation instruite éclairée, nous ne parlons que de celle-là, car une nation ignorante nous paraît pouvoir parfaitement se tromper, il semble qu'elle soit encore moins susceptible de tomber dans l'erreur que les particuliers, et cela parce que, les décisions qui l'intéresent étant, et devant être prises à la majorité de ses membres, il paraît bien difficile d'admettre que les millions d'hommes, qui composent cette majorité, se trompent tous, voient tous mal la question à résoudre ; et il semble au contraire bien plus naturel que, du choc de tant d'opinions, la lumière se fasse, la vérité sorte.

Ce qui fait penser en outre que les nations ne peuvent pas se tromper, ou du moins persister dans une erreur, c'est qu'on n'a quant à présent, (plus tard, quand les institutions de toutes les nations reposeront sur les deux principes droit et justice, on en aura peut-être), aucun moyen de les dessaisir du droit de gérer leurs affaires, dans le cas où elles feraient preuve d'incurie ou d'incapacité ; qu'une nation qui gérerait mal, et persisterait à gérer mal, serait une nation vouée à sa ruine et à sa perte, et qu'il paraît impossible que Dieu, dans sa sagesse et sa bonté infinies, ait pu vouloir la ruine et la perte des nations.

Par ces raisons, nous croyons qu'une nation instruite éclairée, qui sait ce qu'elle fait, et qui gère ses affaires elle-même ou les fait gérer selon sa volonté, ne peut pas se tromper, ou du moins, si elle se trompe, persister longtemps dans une erreur.

Faire ou faire faire ses affaires comme bon leur semble, tel est, en une simple phrase, pour les particuliers et les nations, le droit et la justice en matière de gestion et administration de leurs affaires, qui reçoit le nom de matière politique ou de gouvernement lorsqu'il s'agit des nations. Il ne faut pas les chercher autre part. Ceux qui le feraient seraient dans tous leurs torts, ils commettraient une erreur, une hérésie qui pourrait avoir les plus funestes conséquences pour le pays. La chose est bien du reste ainsi comprise et admise par la grande majorité de la nation.

Les uns et les autres ont le droit de choisir l'un de ces deux modes de procéder, et ce peut-être une question, le plus souvent, que celle de déterminer et savoir lequel des deux est préférable. Nous pensons qu'ils feront bien chaque fois qu'ils le pourront de choisir le premier ; le meilleur moyen, en général, d'être assuré qu'une chose sera bien faite étant de la faire soi-même. Seulement nous avons vu, qu'il est des cas, où il leur est de toute impossibilité de se servir de ce premier mode.

Maintenant pour arriver à obtenir ce résultat, à faire ou faire faire leurs affaires comme bon leur semble, comment faut-il procéder, s'y prendre ?

Les particuliers paraissent avoir découvert les moyens à employer. Dans le premier cas, ils n'avaient à la vérité aucun effort à faire, car il suffit évidemment, pour qu'ils fassent leurs affaires à leur gré, que les lois les y autorisent. Dans le second il n'en était pas de même, ils avaient à trouver ces moyens, ils l'ont fait, et tous ceux d'entre eux qui comprennent réellement leur véritable intérêt les emploient. Il y a lieu de remarquer par exemple, que les lois ne les autorisent pas toujours à s'en servir, et à faire eux-mêmes leurs affaires comme bon leur semble. Ainsi ils n'ont pas le droit de se présenter seuls devant les tribunaux, ou de s'y faire représenter par l'homme qui leur convient, si celui-ci n'est pas un homme de loi, de procéder ou faire procéder, comme il leur plaît, à une vente de meubles; il leur faut forcément recourir à des avoués, des avocats, des notaires, des commissaires-priseurs. Mais ces moyens n'en existent pas moins, n'en sont pas moins trouvés acquis, et s'ils viennent à obtenir cette autorisation, ce droit, ce qui finira sans nul doute par arriver, sinon pour toutes leurs affaires du moins pour la plupart d'entre elles, ils seront alors à même, pour toutes ces affaires, de procéder conformément aux deux principes droit et justice.

En est-il de même des nations ?

Dans le premier cas, celles qui comme la nôtre jouissent du suffrage universel, ont trouvé dans ce suffrage universel, à la condition bien entendu de s'en servir, le moyen de faire, comme bon leur semble, toutes les affaires qu'elles font elles-mêmes. — Par conséquent, dans ce premier cas, tout se passe chez ces nations régulièrement et comme cela se doit. La seule chose laissant à désirer, peut-être, c'est que ces nations, notamment la nôtre, ne se réservent pas de faire elles-mêmes un assez grand nombre d'affaires. Les seules affaires que notre nation se réserve de faire elle-même consistent à nommer la plupart de ses représentants, les Députés, Conseillers généraux, d'arrondissement et municipaux, mais il en est d'autres importantes qu'elle pourrait, qu'il serait même dans son intérêt, et qu'elle n'a pas le droit de faire elle-même. Nous avons le dessein, quoique la question de savoir et déterminer quelles sont ces affaires, ne nous semble pas faire partie de la question traitée en cette petite étude, de la question politique, mais bien de la question sociale, que nous n'abordons pas, de les indiquer un peu plus loin.

Mais dans le second cas, pour faire faire leurs affaires, comme bon leur semble, comment doivent-elles s'y prendre ?

Voici les moyens trouvés par les particuliers, et qu'ils emploient en pareil cas :

Ils choisissent pour leurs hommes d'affaires ou mandataires, les personnes qui leur paraissent les plus capables, les plus honnêtes, les plus entendues, pour mener à bien l'œuvre qu'ils veulent leur confier. Ils conviennent avec elles de la manière dont cette œuvre sera faite. Ils stipulent et il est à remarquer, que la chose est si juste, qu'à défaut de stipulation elle a lieu de droit, que si le mandataire n'exécute pas ce qui a été convenu, c'est-à-dire son mandat, ou le fait mal, et qu'il en résulte un dommage pour le mandant, il sera passible de dommages et intérêts envers ce dernier. Celui-ci surveille, contrôle la gestion de son mandataire, se fait rendre des comptes qu'il approuve, redresse, conteste, selon qu'il y a lieu. Autant que possible, il ne fixe pas de durée au mandat, et se réserve d'y mettre fin quand bon lui semble, afin de pouvoir renvoyer toujours son mandataire, s'il ne le satisfait pas. Cependant il est des cas où une durée est fixée au mandat. Cela ne se présente jamais lorsque le mandat est gratuit, par l'excellente raison que l'on ne trouve personne qui consente à s'obliger, pour un temps de, à remplir un mandat, c'est-à-dire à faire quelque chose, à rendre des services, à prendre de la peine sans rien recevoir en retour. Mais cela peut parfaitement arriver, et arrive en effet quand le mandat est rétribué. — C'est que, dans ce cas, il constitue souvent une position pour celui qui le détient. Il peut alors arriver que le mandataire veuille fixer une durée au mandat, afin d'être assuré de conserver sa position pendant un certain temps, sans avoir à en chercher une autre qui serait peut-être moins lucrative, moins à sa convenance, et qu'il se procurerait peut-être difficilement. — D'autre part, le mandant, s'il ne trouve pas payer son mandataire trop cher, s'il a confiance en sa capacité, peut aussi désirer fixer une durée au mandat, afin d'être assuré que pendant le temps convenu il le conservera , et ne sera pas exposé à en chercher un autre dont les services lui coûteraient peut-être plus cher , et qui le satisferaient peut-être moins. — Ici l'intérêt du mandataire est de faire engager son mandant , sans s'engager lui , ce qui arrive quelquefois , de même que l'intérêt du mandataire est de faire engager son mandant , sans s'engager , ce qui peut aussi arriver. — Lorsqu'une durée est fixée au mandat , il est une chose que l'on doit convenir , et qui du reste est si juste qu'elle est de droit dans le mandat entre particuliers, lorsqu'on ne s'explique pas à cet égard , c'est que , malgré le terme fixé , on aura toujours le droit de le faire résilier, si on parvient à démontrer que le mandataire ne le remplit pas , comme il a été convenu , et qu'il en résulte un dommage pour le mandant.

Cette manière de faire réussit très bien aux particuliers, et il ne peut en être différemment , car en rendant leurs hommes d'affaires responsables et passibles de dommages et intérêts , et en se réservant de les révoquer , s'ils ne font pas leurs affaires à leur gré, comme ils le doivent, l'ont promis , ils prennent les meilleures dispositions possibles pour les obliger à agir selon leurs volontés, et que c'est là, comme nous l'avons vu, lorsqu'ils font faire leurs affaires, le résultat vers lequel ils doivent tendre, pour agir conformément à leur droit , et en même temps au mieux de leurs intérêts.

On ne verra jamais les particuliers confier leurs affaires à des mandataires, sans s'enquérir et s'assurer, par tous les moyens en leur pouvoir, de leur capacité, de leur honorabilité, de leur ardeur au travail , sans convenir des conditions sous lesquelles ces mandataires géreront, de la manière dont ils feront les choses , en leur laissant carte blanche, c'est-à-dire liberté de procéder comme bon leur semblera, sans se réserver de leur faire aucune observation ; s'en rapporter complètement à eux , ne jamais leur demander aucun compte, s'ils ont été appelés à toucher des revenus, vendre des récoltes pour les mandants , les laisser libres de remettre à ces derniers les sommes qu'ils voudront, approuver constamment ce qu'ils font, que ce soit bien ou mal.

On aurait, je crois, bien mauvaise opinion de celui qui agirait de la sorte. On n'aurait pas assez de sarcasmes, de railleries, de moqueries pour improuver et blâmer sa conduite. On ne manquerait pas de dire : Mais quel pauvre homme ! Comment ! il ne voit jamais à ce que ses hommes d'affaires font pour lui, il s'en rapporte toujours à eux en toutes choses, mais il va se ruiner ! Mais il est bon à mettre à Charenton ! etc., etc. On aurait raison. Il est certain qu'un homme, qui s'y prendrait de la sorte, serait un piètre administrateur, un homme bien incapable.

Mais si les particuliers comprennent trop bien leur intérêt pour commettre une faute semblable, il n'en est pas de même des nations. Elles y sont tombées, et de nos jours, malgré toutes les améliorations qu'elles ont réalisées, elles y tombent encore.

On les a vues autrefois, sous les monarchies de droit divin, laisser quelques familles, un Roi et des seigneurs, s'emparer des affaires de la nation, ou pour mieux dire de la nation tout entière, de par droit de naissance, comme s'il eussent été pétris d'une autre pâte que les autres hommes, comme si Dieu les eût plus spécialement que les autres marqués au front du signe de l'intelligence, de la capacité, de la justice et de l'infaillibilité, s'arroger le droit de posséder seuls la terre, d'occuper seuls tous les emplois et fonctions publics, d'avoir seuls droits aux produits de la nation, puisque le reste de la nation était taillable et corvéable à merci, et qu'ils avaient ainsi le droit de lui enlever ce qu'ils voulaient. Faire seuls les lois, rendre seuls la justice, envoyer les autres hommes soutenir les guerres qu'il leur plaisait de déclarer, souvent pour satisfaire de simples caprices, et s'y faire tuer ; en un mot, comme nous le disions en commençant, être propriétaires de la nation tout entière, en personnes et choses, et en faire et disposer selon leur bon plaisir.

Aujourd'hui, Dieu merci, et grâce à 1789, cette terrible explosion des justes colères et des justes haines que cet affreux régime avait entassées dans le cœur de nos pères, notre pays en est débarrassé, et il sait trop ce qu'il leur a coûté de souffrances, de misères, de privations, de hontes, de larmes, pour songer à y revenir. Il est même une chose qui surprend, c'est qu'un régime aussi inique, aussi monstrueux ait pu durer aussi longtemps.

Mais la nation commet encore l'énorme faute de conférer le pouvoir de faire ses affaires à un petit nombre d'hommes, ses Députés et Sénateurs, qu'elle choisit à la vérité, ce qui est incontestablement un progrès et une amélioration, ces derniers, soit dit en passant, dans de bien mauvaises conditions, mais en leur laissant le droit de faire tout ce que bon leur semble, pendant la durée de leur mandat, par conséquent de prendre les mesures les plus désastreuses, d'agir contrairement aux promesses qu'ils ont pu faire, et contrairement aux vœux de leurs électeurs, sans se réserver aucun moyen légal de s'y opposer.

Il n'est donc pas exact de dire, et cependant ce langage est tenu par beaucoup d'entre vous, Messieurs, et des plus illustres, qu'en ce moment les affaires de la nation sont faites à son gré. Elles sont faites au gré de ses hommes d'affaires, Députés et Sénateurs, ce qui n'est pas du tout la même chose, car comme nous venons de le faire remarquer, le gré de ceux-ci, qui prévaut, peut être complètement opposé à celui de leurs électeurs.

La nation est encore ici à la discrétion de ses hommes d'affaires. Elle se trouve par suite moins avancée que les particuliers alors qu'il semble qu'elle devrait l'être plus, puisque la Constitution et les lois faisant partie de ses affaires, elle a en la circonstance le droit de faire ce que bon lui semble, que les particuliers n'ont pas, obligés qu'ils sont d'attendre ce droit de la Constitution et des lois, ou de la nation elle-même qui les fait, ou tout au moins a le droit de les faire, et devrait user de droit.

Eh bien ! il ne faut pas laisser subsister un tel état de choses. Comme nous l'avons dit, les affaires des nations sont de même nature, de même essence que celles des particuliers. Ce qui est vrai pour les uns est également vrai pour les autres. Il faut que, comme les particuliers, les nations arrivent à faire faire leurs affaires comme bon leur semble, et pour cela, qu'elles emploient les mêmes moyens qu'eux, ou que tout au moins elles s'en inspirent ; et voici le programme de gouvernement contenant ces moyens, et conforme par suite aux deux principes Droit et Justice. Nous avons cru devoir comprendre dans ce programme, conformément à notre promesse, et pour bien faire comprendre quel serait à nos yeux le meilleur système de gouvernement pour l'époque actuelle, l'indication des affaires qu'il est dans l'intérêt de la nation de faire elle-même.

III

Programme du gouvernement conforme aux deux principes Droit et Justice, et du meilleur système de gouvernement pour l'époque actuelle.

Le pouvoir devrait appartenir à la nation elle-même, à une Chambre de représentants, et à un mandataire choisi par elle et la Chambre.

La nation devrait se réserver de prononcer elle-même souverainement, et en dernier ressort, sur les lois d'intérêt général, et sur toutes les grandes questions aussi d'intérêt général, telles que la paix, la guerre, les grands travaux à exécuter.

Elle nommerait, comme elle le fait maintenant, une Chambre

de députés ou représentants, mais une seule Chambre, car si deux Chambres sont de quelque utilité en ce moment, point douteux et sur lequel on n'est guère d'accord, il est bien certain qu'elles ne le seraient pas du tout, lorsque la nation, comme nous le désirons, prononcerait elle-même sur toutes les grandes questions. C'est la nation qui remplacerait alors la seconde Chambre, ce qui serait infiniment préférable. Ces représentants seraient chargés de s'occuper de toutes les affaires de la nation, de préparer la constitution, c'est-à-dire les conditions auxquelles la nation délègue ses pouvoirs, les lois, de les voter; mais ce vote n'aurait de valeur, en ce qui concerne la Constitution et les lois d'intérêt général, que tout autant qu'il serait ratifié par la nation, à la majorité. On pourrait réunir la nation tous les ans une fois, par exemple, pour lui soumettre les lois faites par ses représentants et les lui faire voter. On pourrait laisser l'initiative des lois à la nation, en convenant qu'un certain nombre d'électeurs, mille par exemple, pourront proposer des lois que la Chambre sera tenue d'examiner, au mandataire et à la Chambre des représentants.

Les représentants choisiraient, pour assurer l'exécution des lois, administrer les affaires de la nation, pour mandataire de la nation en un mot, l'homme qu'ils croiraient le plus capable de bien remplir cette mission; mais ce choix ne serait définitif encore qu'après ratification de la nation. Le mandataire ainsi choisi choisirait à son tour les ministres, magistrats, officiers de terre et de mer, fonctionnaires et employés de toute sorte, qui lui seraient nécessaires pour l'aider dans l'accomplissement de sa tâche, et dont le nombre et les rétributions seraient déterminés par des lois. Il disposerait de la force publique, des armées de terre et de mer; mais il ne devrait pouvoir les employer qu'à assurer l'exécution de la Constitution et des lois. Il y aurait lieu de l'établir formellement dans un article de la Constitution, et de dispenser les chefs de corps d'obéir, dans le cas où il voudrait en faire un autre usage, mais en édictant des peines très sévères contre ceux qui opposeraient ce refus d'obéir, sans y être fondés. Les représentants seraient chargés de surveiller la gestion de ce mandataire, et d'examiner et vérifier ses comptes.

Ce mandataire, ainsi que ses ministres, seraient responsables de leur gestion et passibles de dommages et intérêts envers la nation, s'ils compromettaient ses intérêts par faute ou négligence. Leurs fonctionnaires et employés seraient responsables, vis à vis d'eux, et passibles de dommages et intérêts dans les mêmes cas.

On fixerait une durée au mandat conféré , au mandataire général et aux représentants du pays , les mêmes mandataires étant indéfiniment rééligibles; on stipulerait, et c'est en l'idée que je vais exprimer et les développements que je vais lui donner, que consiste la découverte que je crois avoir faite; on stipulerait que la révocation du mandat pourra toujours être demandée et prononcée dans le cours de sa durée, si le mandataire ne le remplit pas à la satisfaction et selon le vœu de ses mandants, comme ceux-ci l'en avaient chargé.

Il nous paraîtrait de toute justice que la révocation fût prononcée de la même manière que la nomination a lieu, c'est-à-dire, pour le mandataire général, par un vote des représentants à la majorité, ratifié par un vote des électeurs pris aussi à la majorité, et pour les représentants, par un vote des électeurs pris aussi à la majorité.

Quant à la demande de révocation qui a évidemment moins d'importance que la révocation puisqu'elle ne décide rien, mais qui n'en est pas moins une mesure grave qui sera toujours une cause d'agitation pour le pays, nous pensons qu'on devrait laisser aux intéressés une assez grande latitude pour l'intenter. Ainsi nous ne pensons pas qu'il serait nécessaire d'exiger que cette demande ne puisse être faite que par la majorité des électeurs, parce que, si on exigeait une chose pareille, il est à croire qu'elle ne se produirait pas. Il y aura toujours, on doit s'y attendre, un grand nombre d'entre les personnes qui pourront trouver une demande de cette nature utile, qui n'oseront ni la faire ni même s'y associer, dans la crainte, si elle n'était pas suivie d'effet, ne réussissait pas, d'encourir pour eux et les leurs les ressentiments, les colères et les haines de ceux contre lesquels elle aurait eu lieu.

Il ne faudrait pas non plus, croyons-nous, laisser le droit de faire pareille demande à la discrétion d'un trop petit nombre d'intéressés, parce qu'on serait exposé à en voir continuellement surgir, par le fait de quelques turbulents, de quelques écervelés, insensés qui agiteraient sans cesse le pays, sans motif plausible, ou de quelques ambitieux qui pourraient chercher à renverser les mandataires existants, pour tâcher de prendre leur place.

Il conviendrait de prendre un juste milieu, de n'accorder ce droit qu'à une fraction assez importante des intéressés, mais pas trop importante cependant.

On serait peut-être dans le vrai, mais nous ne garantissons rien; des expériences, des essais et le temps seuls pouvant indiquer ici la vraie solution en décidant, en ce qui concerne le mandataire général du pays, que sa révocation pourra être demandée par les représentants et les électeurs, par exemple le tiers ou le quart des représentants, le dixième ou le vingtième des électeurs; et en ce qui concerne les représentants, que leur révocation ne pourra être demandée que par le dixième ou le vingtième des électeurs, dans la circonscription desquels ils auront été nommés.

Ç'a été pour moi une question qui m'a fortement embarrassé que celle de savoir, si on devait fixer une durée au mandat, ou laisser chacune des parties libre d'y mettre fin quand bon lui semble.

Nous avouons que tout d'abord, et aussitôt que les conditions auxquelles la révocation devait être prononcée et demandée ont été arrêtées d'une manière générale dans notre esprit, nous avons penché pour le second système qui, nous a paru et nous paraît encore offrir les grands avantages que voici : Permettre au pays de pouvoir constamment renvoyer ses mandataires, s'il trouve qu'ils ne font pas bien ses affaires, qu'ils ne remplissent pas bien leur mandat, et les remplacer par [d'autres. Stimuler leur zèle à bien faire, justement parce que, s'ils ne font pas bien, ils sont susceptibles d'être renvoyés ; et cela en permettant et laissant au pays toute latitude de les conserver, quand il sera content d'eux, ce qu'il a tout intérêt à faire, parce que, plus les mandataires conserveront longtemps leur mandat, plus ils acquerront d'expérience, plus ils se mettront au courant des affaires et apprendront à les faire, et mieux ils les sauront et pourront faire ; enfin, plus ils se trouveront à même d'entreprendre et conduire à bien des œuvres de longue haleine.

Mais en réfléchissant davantage, nous nous sommes rangé au système que nous avons fait connaître, qui présente tous les avantages que nous venons d'énumérer, et en présente en outre un autre que voici : En disposant qu'au bout du temps fixé pour la durée du mandat le pays sera consulté de plein droit, sans qu'il soit besoin de le demander, ce qui ne serait jamais arrivé sous l'autre système, il donne au pays une plus grande facilité pour se débarrasser de ses mandataires, quand ils ne lui conviendront pas. Il pourra arriver qu'il change certains mandataires qu'il aurait peut-être conservés, s'il eût été obligé, pour les renvoyer, de demander et prononcer leur révocation. Ce système a aussi pour conséquence de grandir les mandataires réélus, d'ajouter à l'estime et à la considération dont on les entoure, de donner plus de poids, plus de force aux avis, aux opinions qu'ils peuvent émettre.

La seule crainte que ce système puisse inspirer, c'est que le pays change ses mandataires trop souvent à la légère, sans motif suffisant ; mais il ne faut pas se livrer à un bien long examen des choses pour s'apercevoir bien vite que cette crainte est chimérique, que pour la concevoir il faut douter de la valeur des décisions du suffrage universel, et nous avons dit plus haut, et nous aurons occasion de le répéter au cours de cette étude, que les nations éclairées ne peuvent pas se tromper ou du moins persister dans une erreur. Dans le cas qui nous occupe, elles verront et comprendront bien vite qu'il est de leur intérêt de conserver leurs mandataires le plus long-temps possible, de les changer le moins qu'elles pourront, et elles s'inspireront de ces principes dans leurs actes.

Tel est à grands traits le système de gouvernement conforme au droit et à la justice, et pour l'époque actuelle, le meilleur système de gouvernement.

Sous ce gouvernement, la nation, on le voit, fait elle-même le plus de choses qu'elle peut, et elle prend toutes ses pré-cautions pour que les autres soient faites comme elle le désire ; en effet, en rendant ses hommes d'affaires mandataires de la nation, ministres, magistrats, officiers, employés et fonction-naires passibles de dommages et intérêts, s'ils ne gèrent pas comme il a été convenu, comme ils l'ont promis, et qu'il en résulte un dommage pour la nation, et en se réservant pour les mêmes motifs de les renvoyer et de leur faire perdre par conséquent leur position, elle les oblige pour ainsi dire à bien faire et à remplir ponctuellement leur mandat. Or, nous avons dit que, pour la nation comme pour le particulier, le droit et la justice en matière de mode de gestion et administration de leurs affaires, est de les faire ou faire faire comme elle le désire, qu'elle n'est fondée et intéressée à rien prétendre au-delà. Que dans ce cas, si la chose est mal faite, ce sera par sa faute, à elle nation, parce qu'elle aura indiqué une mauvaise manière de faire, mais que, supportant seule les conséquences de cette faute, ce sera là une chose juste, normale, toute naturelle qu'il n'y aura pas lieu d'empêcher. Que ce sera à elle à voir qu'elle s'est trompée, à revenir de son erreur et à n'y pas persister. Et nous avons ajouté que les décisions intéressant une nation étant et devant être prises à la majorité de ses membres, elle nous paraissait moins susceptible de se tromper que les parti-culiers, et qu'il ne nous semblait pas possible, dans tous les cas, qu'elle puisse persister longtemps dans une erreur. Nous croyons devoir faire remarquer que le système de gouverne-ment, que nous venons de présenter, peut être modifié en ce sens, que le nombre des affaires que la nation se réserve de faire elle-même peut être augmenté ou diminué, et par suite celui de celles qu'elles font faire, diminué ou augmenté en sens inverse, sans que le nouveau système de gouvernement cesse d'être conforme aux deux principes droit et justice, pourvu que, pour les premières de ces affaires, elle se serve du suffrage universel, et que pour les autres, elle prenne les précautions que, nous venons d'indiquer, pour les faire faire comme bon lui semble.

Avec ce gouvernement, la nation peut, quand bon lui semble et comme bon lui semble, accomplir toutes les réformes et améliorations qui peuvent devenir utiles dans ses institutions et ses lois, et résoudre toutes les questions touchant à ses intérêts, et si tout ce qu'il serait bien de faire ne l'est pas, ce ne peut être que de sa faute et elle ne saurait en accuser personne. Il n'y a plus aucun pouvoir au-dessus d'elle pour faire échec à ses volontés. Souveraine et maîtresse absolue, elle peut tout ce qu'elle veut. Elle n'a donc plus besoin de faire des émeutes et des révolutions pour obtenir des réformes, elle les fait quand elle le juge à propos, et c'est de ce gouvernement que l'on peut dire, avec juste raison, qu'il ferme et clôt définitivement l'ère des révolutions.

Ce gouvernement comporte évidemment, et la chose est si naturelle que je me demande s'il est bien utile que je la dise, les libertés de la presse, de réunion et d'association, sans lesquelles il est de toute impossibilité d'exercer le suffrage universel dans toute sa plénitude, et qu'il faudrait accorder entières, sous la seule restriction que nous avons exprimée en matière de liberté, qu'il n'en sera pas fait un usage contraire à la morale et à l'ordre public.

Nous ne jouissons pas, et nulle nation ne jouit en ce moment du gouvernement dont nous venons d'exposer le programme. Nous le croyons supérieur à tous ceux actuellement existants. Nous pensons qu'il est le gouvernement de l'avenir, parce qu'il est le gouvernement juste par excellence. Nous pouvons même dire que la tendance des nations est de s'en rapprocher. Malgré cela, nous ne le désirons pas de suite, et voici pourquoi.

C'est d'abord parce que nous croyons que s'il y a encore beaucoup de personnes hostiles au gouvernement que nous avons maintenant, et que ce gouvernement effraie, celui que nous demandons soulèverait encore plus de difficultés et effraierait davantage.

En second lieu, et c'est là le motif principal, parce que nous craignons de ne pas pouvoir exercer d'une manière satisfaisante, comme il conviendrait, les droits qu'il nous donnerait. Appelés à nous prononcer sur toutes les mesures d'intérêt général, lois, guerres, grands travaux, à élire le chef du pouvoir, nos représentants, nous avons peur que nous ne sachions pas discerner les bonnes lois d'entre les mauvaises, quand il est ou non nécessaire de faire la guerre, quand de grands travaux sont ou non utiles, reconnaître les meilleurs candidats, et que nous n'émettions pas un bon vote, un vote raisonnable, conscient, éclairé et sensé sur ces questions. Nous considérons que l'instruction politique et sociale du peuple n'est pas faite, que la grande majorité des électeurs n'est pas en état de se servir du suffrage universel et de remplir ses devoirs de citoyen en connaissance de cause, en sachant ce qu'elle fait; qu'incapable de pouvoir se faire personnellement une opinion sur la valeur des candidats qui sollicitent ses suffrages, elle vote suivant l'opinion de gens en général plus éclairés qu'elle, au-dessus d'elle, comme ils le lui conseillent, et sans pouvoir apprécier le bien ou le mal fondé de ces conseils. Qu'elle vote ainsi au hasard, sans savoir ce qu'elle fait, et qu'il peut arriver qu'elle fasse de mauvais choix, des choix dangereux, contraires à ses intérêts, ce qui a eu, et a lieu déjà, trop fréquemment.

Ce qui nous confirme dans cette opinion et nous en démontre la justesse, c'est, d'une part, ce qui s'est passé au sujet des députés invalidés. — Du jour au lendemain, pour ainsi dire, les électeurs se sont déjugés, ont émis des votes diamétralement opposés. Ils n'ont pas renommé le même candidat. Je sais bien que l'on prétend que la première fois les électeurs n'étaient pas libres ; mais cet argument est sans valeur. Les électeurs étaient parfaitement libres de voter, pour qui bon leur semblait, puisque partout, si nous ne nous trompons, ils ont pu préparer chez eux le bulletin de leur choix, le porter tout plié dans l'urne, et voter ainsi sans que personne ait pu savoir quel nom ce bulletin portait.

Par conséqnent, ce n'est donc pas par le motif que les électeurs n'étaient pas libres qu'ils se sont déjugés, mais bien parce que, parmi les électeurs, il y en a qui votent, comme nous le disions tout à l'heure, au hasard, sans savoir ce qu'ils font, en se laissant guider, influencer. On peut affirmer que ce n'est pas parmi les gens instruits que l'on trouve ces électeurs, mais parmi les ignorants.

C'est, d'autre part, les élections d'amnistiés qui viennent d'avoir lieu, et qui démontrent que les électeurs ne savent pas toujours ce qu'ils font, et n'agissent pas toujours selon leur véritable intérêt ; car, s'il en était autrement, il est évident qu'ils n'auráient pas choisi pour les représenter des hommes ayant fait partie de la si criminelle insurrection du 18 mars, que rien ne recommandait et que tout au contraire, leur passé, leur attitude présente, ce que l'on peut connaître et deviner de leurs desseins, prescrivait de tenir soigneusement éloignés des affaires.

Le suffrage universel est une excellente chose, une chose juste, au suprême degré, dont je me déclare très partisan, une chose qu'il faut conserver, à laquelle il ne faut pas toucher, sous peine d'amener une révolution sur le pays, et à laquelle on ne pourrait même pas toucher, nous en sommes convaincu, parce que les électeurs ne le souffriraient pas, qu'ils y tiennent trop pour le permettre ; mais cette excellente chose, on a peut-être eu le tort de nous la donner trop tôt. Il aurait peut-être mieux valu, au préalable, ou du moins en même temps, nous apprendre à nous en servir, et jusque-là nous donner le suffrage à deux degrés; et nous pensons qu'elle ne produira les bons effets dont elle est susceptible que lorsque la nation sera instruite, éclairée.

En ce moment, il faut bien l'avouer, le suffrage universel, quoiqu'il s'améliore de jour en jour, ne donne pas les résultats qu'on est en droit d'en attendre. Ses décisions sont loin d'être toujours irréprochables. Les élections sont devenues une affaire d'escamotage, de charlatanisme pour ainsi dire. Le succès n'est pas toujours aux plus dignes, aux plus capables. Il est souvent aux plus habiles, à ceux qui font le plus de bruit, de tapage, qui se remuent le plus, qui savent le mieux jeter de la poudre aux yeux des électeurs, aux intrigants qui ont souvent plus de suffisance que de capacité et de talent.

Les élections se font dans les plus déplorables conditions. Les candidats, pour la plupart, évitent de s'expliquer sur les questions qui intéressent le plus les électeurs. — Ils écrivent et parlent pour ne rien dire.

C'est ainsi qu'aux élections dernières, les candidats se sont bien gardés de se prononcer sur les mesures des décrets et d'amnistie qui ont jeté la division dans le parti républicain, et les électeurs les ont nommés sans savoir à quoi s'en tenir sur leur sentiment à ce sujet; ce qui n'empêche pas les promoteurs de ces mesures de déclarer que, par ces élections, le pays leur donne son approbation.

Il faut s'attendre à ce que cet état de choses, profondément regrettable, gros de périls et de dangers, ne dure encore longtemps, tant que l'instruction politique et sociale de la nation ne sera pas faite.

C'est par ces raisons, parce que nous n'avons pas, en ce moment, une confiance illimitée dans les décisions du suffrage universel que nous ne voulons pas, quant à présent, augmenter ses attributions, et de notre système de gouvernement qui aurait cette conséquence.

Nous voulons, avant d'en arriver à ce système de gouvernement, qu'on fasse l'instruction politique et sociale du peuple.

Les associations autres que les nations font l'instruction de leurs membres, elles leur enseignent tout ce qu'ils ont besoin de savoir pour pouvoir contribuer, dans la mesure de leurs moyens, à la prospérité de la société, notamment leur histoire, le but qu'elles se proposent, leurs lois et conditions principales ; il faut que la grande association nation en fasse autant, qu'elle apprenne aussi aux citoyens, ce qu'il est nécessaire qu'ils sachent, pour pouvoir exercer les droits et remplir les devoirs attachés à leur qualité de citoyen en connaissance de cause, c'est à dire qu'elle fasse leur instruction politique et sociale ; et voici, croyons-nous, le programme à suivre à cet effet.

Nous n'avons pas la prétention de croire que ce programme soit absolument complet, et qu'il n'y manque rien. Il est bien possible, et nous dirons même probable, que nous oubliions quelque chose, mais nous pensons que tout ce qu'il contient est absolument indispensable.

IV

Programme des connaissances à enseigner aux citoyens pour faire leur instruction politique et sociale.

Il faut leur enseigner les faits saillants de l'histoire, les grandes phases par lesquelles le monde est passé, tout ce qui a été dit, écrit, tenté, essayé pour le bien, le progrès de l'humanité, la manière dont ces essais ont été accueillis, jugés, les points que nous avons essayé de montrer au cours de cette étude, du mieux qu'il nous a été possible, à savoir : quelles sont les grandes questions intéressant l'humanité ; — Que ces questions ne peuvent être résolues d'une manière durable que selon deux principes qui sont le droit et la justice ; — Ce qu'est un gouvernement ; — En quoi consistent ses affaires ; — Qu'elles sont de même nature que celle des particuliers, soumises aux mêmes lois ; — Que le gouvernement d'une nation n'est autre chose que le mode suivi par elle pour la gestion et administration de ses affaires ; — Comment ces affaires ont été faites autrefois, comment elles le sont à présent, comment elles devraient l'être, ou ce qu'a été le gouvernement autrefois, ce qu'il est actuellement et ce qu'il devrait être pour être conforme aux deux principes droit et justice ; — Quelles sont les imperfections du gouvernement dont nous jouissons ; — En quoi il diffère de ceux que nous avons eus depuis 89 ; — Qu'il est un progrès sur ceux-ci, et que notre meilleur parti, dans la situation présente, est de le conserver malgré ses imperfections ; — Que la chose pressée et urgente à faire en ce moment, c'est l'instruction du peuple ; — Quels sont les moyens à employer pour cela ?

Leur enseigner les points acquis en économie politique, et notamment ceux mis en lumière par un homme, que tout le monde s'accorde à représenter comme bien modeste, mais qui n'en est pas moins un des plus grands économistes et des plus profonds penseurs dont nous puissions nous enorgueillir, par Bastiat, qui a su rendre la science économique si compréhensible et si attrayante pour tous, et qui est un de ceux qui ont le plus contribué, en 48, à sauver notre malheureuse nation des débordements dont elle était menacée. — Que les intérêts de la grande famille humaine sont harmoniques. — Que l'intérêt des riches, de ceux qui possèdent aussi bien que des pauvres, de ceux qui n'ont rien, est qu'il existe le plus de capitaux possible. — Que les hommes les plus utiles à la société ne sont pas les riches oisifs qui dépensent et comsomment beaucoup, mais ceux qui travaillent, produisent et économisent le plus et consomment le moins.

Leur montrer l'utilité, la légitimité, l'indispensabilité en principe de la propriété et du capital , qui ont été enfantés par l'intérêt personnel, cause de toutes les merveilles et de tous les prodiges que l'humanité a accompli et accomplit tous les jours.

Leur montrer que le travail est une des grandes lois de l'humanité; que c'est dans le travail que ceux qui ne possèdent pas doivent chercher les moyens de subvenir à tous leurs besoins et d'arriver à amasser ; — Qu'il ne faut pas que l'humanité cherche à se soustraire à cette loi ; — Que la seule chose qu'elle puisse faire , c'est de chercher à en amortir et atténuer les effets , en ce qu'ils ont de pénible et fatiguant en remplaçant l'homme par la machine , chaque fois que la chose est possible, et en augmentant le nombre des travailleurs , par la suppression de tous les emplois inutiles , des sinécures , de tous les privilèges et monopoles.

Leur montrer une autre grande loi de l'humanité la responsabilité , qui veut que chacun dans ce monde subvienne à ses besoins et à ceux de sa famille , avec liberté pleine et entière de venir en aide à ceux qui ne peuvent pas travailler, et à ceux qui le pourraient, mais ne le veulent pas faire.

Montrer aux hommes combien ils ont intérêt à éviter les procès , les disputes et les rixes de particuliers à particuliers , et les guerres de nation à nation , et leur indiquer les moyens pour y parvenir.

Etablir que toutes les professions , pourvu qu'elles ne soient contraires ni à la morale ni à l'ordre public, sont honorables , aussi bien les professions des travaux manuels que les professions des travaux de l'esprit ; que cependant ces dernières sont tenues en plus haute estime que les autres, que c'est là un tort, que cela parait tenir du reste à ce que ceux qui exercent les premières de ces professions sont moins instruits que ceux qui s'adonnent aux dernières , mais qu'il est présumable qu'il en sera différemment, lorsque , ce qui est si désirable et finira sans nul doute par arriver , tout le monde aura reçu une bonne instruction ; qu'à ce moment là ces professions seront à n'en pas douter aussi honorées que les autres.

Constater qu'en ce moment tous les pères de famille , dès qu'ils ont la plus petite aisance, destinent leurs enfants aux professions des travaux de l'esprit , et leur font laisser de côté les professions manuelles , souvent les professions qu'ils exercent eux-mêmes ; que dans ce but ils s'imposent des sacrifices, quelquefois même des privations, pour faire donner à leurs enfants l'instruction nécessaire. Que le nombre de ces professions des travaux de l'esprit étant forcément limité, il arrive que tous ceux qui s'y destinent ne peuvent pas y parvenir. Qu'il n'y aurait rien à dire à cela, que ce serait une chose toute simple et toute naturelle, chacun devant avoir le droit, dans une société bien organisée , de rechercher la profession qui lui convient le mieux, par conséquent ces professions en général beaucoup moins pénibles et fatiguantes que les autres, si comme ils le devraient, ceux qui ne peuvent pas y arriver en prenaient bravement leur parti, s'y résignaient, et revenaient aux professions des travaux manuels , mais qu'il n'en est point ainsi ; que tous ou presque tous préférent rester à ne rien faire que de se tourner vers ces professions, soit que ne pouvant se défendre du préjugé dont nous parlions tout à l'heure , ils considèrent que ce serait déchoir, soit qu'il leur coûte trop à l'âge où ils se trouvent de prendre la peine d'apprendre ces professions ; que ceux qui n'ont pas de fortune se trouvent dans la misère ; que tous sont en général mécontents de leur sort, ces derniers surtout, accusent le gouvernement qui n'en peut mais, d'en être la cause, et cherchent à le renverser pour en établir un autre duquel ils obtiendront les places et les emplois dont ils n'avaient pu se faire investir jusque-là ; que si cette tendance s'accentue, prend des proportions plus grandes, ce qui est possible, et non-seulement possible mais présumable, la société peut se trouver manquer de travailleurs manuels et en avoir trop de l'autre sorte ; qu'un tel état de choses est grave , plein de dangers et de périls ; qu'il y a lieu de s'en préoccuper, et de chercher sans retard , les moyens d'y parer. Faire connaître ces moyens que nous indiquons un peu plus loin.

Examiner les institutions et les lois qui régissent les nations, établir les différences qui existent entre ces institutions et lois , en montrer l'économie.

Etudier les propositions , les réclamations , les doctrines, les théories des radicaux. Etablir que lorsqu'ils affirment qu'il y a quelque chose à faire en matière politique et en matière sociale, ils ont raison dans le premier cas, et peuvent avoir raison dans le second, mais que sûrement ce qu'il peut y avoir à faire n'est pas ce qu'ils proposent ; que dans le premier cas c'est ce que nous avons indiqué ; que leur programme de réformes , en ses parties principales , qui paraissent être , maintenant que l'amnistie totale et les décrets de persécution contre les congrégations leur ont été accordés, la séparation de l'Église et de l'État, la suppression du capital et de la propriété est aussi mauvais que possible , qu'il ne peut en aucune façon améliorer d'une manière sérieuse et durable le sort du peuple, qu'il lui serait au contraire extrêmement préjudiciable, et que l'adopter serait vouloir la misére pour tous à brève échéance , et la perte et l'effrondement du pays.

Tàcher d'amener les radicaux à reconnaître qu'ils se trompent, ce qui n'est peut-être pas impossible, tous ou presque tous paraissant de bonne foi.

Etudier de même toutes les idées et les propositions nouvelles en politique et sociologie de quelque part qu'elles viennent, en montrer la portée, les bons et mauvais côtés.

Examiner également toutes les questions qui peuvent préoccuper l'opinion publique , notamment , en ce moment, les mesures d'amnistie et des décrets , faire connaître les raisons que font valoir les partisans et les adversaires de ces mesures.

Faire remarquer qu'on n'a des chances d'arriver à avoir des bons mandataires : Sénateurs, Députés, Conseillers généraux , d'arrondissement et municipaux , agissant comme on le désire, qu'en les faisant expliquer, avant les élections , sur la manière dont ils entendent remplir leur mandat, et sur les questions qui peuvent alors préoccuper l'opinion.

Dégager de l'enseignement de ces connaissances et de ces vérités et de ces études, ce que les hommes ont à faire, comme particuliers, pour agir au mieux de leurs intéréts, et comme citoyens, pour agir au mieux des intérêts du pays.

Il conviendrait de laisser à tous ceux qui voudraient s'en occuper, la liberté d'enseigner ces choses et de se livrer à ces études sous la condition ordinaire en matière de liberté, que nous avons fait connaître plusieurs fois déjà, et que nous sous-entendons toujours lorsque nous parlons d'elle.

Le gouvernement de son côté pourrait charger des agents à sa solde de cette tâche, mais en réservant, à tous les membres de la nation le droit ou la liberté de juger et critiquer les enseignements de ces agents, auxquels pareil droit devrait être accordé vis-à-vis des particuliers.

Les moyens à employer pour ces enseignements nous paraissent être les articles de journaux, les petites brochures, les conférences, les conférences surtout. Ce dernier moyen nous semble le meilleur, parce que dans une conférence on s'instruit sans qu'il en coûte pour ainsi dire aucun travail ni aucune peine. Nous croyons qu'il serait bien que ces conférences fussent suivies de distributions de petites brochures les reproduisant, et que les personnes désireuses de se bien pénétrer des choses pourraient lire et méditer. — Il faudrait faire connaître tout cela au peuple sous son vrai jour, sans passion, sans chercher à le lui montrer sous la couleur de son esprit, car autant on rendrait service au peuple en lui montrant ces choses avec vérité, autant on lui ferait de mal en les lui présentant mensongèrement. On pourrait évidemment lui faire connaître l'opinion qu'on peut avoir personnellement des questions, mais il faudrait avoir soin de lui faire connaître aussi, avec tous les développemsnts nécessaires, les opinions contraires à la sienne, de manière à ce que chacun puisse décider lui-même en parfaite connaissance de cause, et adopter la manière de voir qui lui paraîtra la meilleure. Il faudrait parler ou écrire le plus brièvement et le plus clairement possible, de manière à se bien faire écouter et comprendre de tous. Il ne faudrait pas craindre de revenir plusieurs fois sur les mêmes sujets, les sujets importants surtout, et de se répéter.

Il sera sûrement plus facile de faire comprendre ces choses aux personnes qui ont un petit commencement d'instruction, qu'aux illettrés, aux ignorants et à ceux qui ne savent absolument rien. Nous savons que l'instruction est un grand bienfait qui élève et développe les idées, l'intelligence, le jugement, qui ennoblit l'âme, apprend les hommes à raisonner, à se rendre compte, et les rend meilleurs, plus capables. Aussi désirons-nous vivement la voir se répandre davantage, et pensons-nous qu'une des plus grandes préoccupations d'un gouvernement, qui a souci des vrais intérêts du pays et de bien faire, doit être de rechercher et d'employer tous les moyens en son pouvoir, pour obtenir ce résultat, que tout le monde sache lire et écrire, sans cependant en venir à forcer et obliger personne.

Mais nous pensons qu'on peut aussi, avec un peu plus de peine et de temps, arriver à faire entendre ces choses aux illettrés et aux ignorants.

La nation est admirablement disposée à répondre aux efforts que l'on pourrait faire en ce sens, principalement à suivre les conférences que l'on pourrait organiser. Ce qui le démontre, c'est l'affluence considérable d'hommes du peuple qui se pressent à toutes les conférences et réunions qui peuvent avoir lieu, réunions, la plupart du temps, intéressantes assurément, mais bien moins que ne le seraient celles dont je parle, où l'on s'occuperait des questions qui touchent te plus près les électeurs, et doivent par conséquent les intéresser le plus.

Vous pouvez, Messieurs, si vous le voulez, conduire très facilement à but et en peu de temps ce travail d'enseignement. Il n'est même pas nécessaire que vous vous en occupiez tous, quelques-uns d'entre vous peuvent y suffire, à la condition de posséder de l'éloquence, du talent et autant que possible de l'influence dans le pays.

Et si cela avait lieu, était fait, notre nation redeviendrait grande forte ; elle reprendrait franchement, sans contestation ni discussion possible, sa place à la tête des nations ; elle aurait encore en mains le guidon de la civilisation et du progrès. Le temps des Monarchistes et des Bonapartistes serait à jamais passé. Celui de la justice et de la vérité aurait enfin définitivement sonné.

Faire l'instruction politique et sociale du peuple, en lui enseignant ce que nous venons d'indiquer, telle est pour le moment la grande affaire, la grande question, la grande œuvre, dont il y a lieu de s'occuper sans retard, notre malheureux pays ayant à se défendre présentement des radicaux, qui le menacent dans ses plus belles et ses meilleures institutions, la religion, la famille et la propriété sans lesquelles il ne pourrait même pas exister, des bonapartistes et des monarchistes, qui ont peut être un programme moins mauvais, mais qui veulent le ramener vers un passé dont il ne doit pas vouloir parce qu'il est contraire au droit et à la justice et au progrès. Dans une telle situation, rien ne saurait être plus dangereux que de laisser le peuple dans l'ignorance et se servir du suffrage universel sans savoir ce qu'il fait. Il peut très bien choisir ses représentants parmi ces hommes, il l'a déjà fait plusieurs fois, les mettre en majorité, les porter ainsi au pouvoir et s'il fait une chose semblable quels malheurs, quelles catastrophes ne peut-il pas amener sur le pays. Il peut le conduire aux abîmes, à sa perte.

Cette grande œuvre constitue l'effort que j'ai dit en commençant qu'il restait à faire à l'humanité, pour arriver au point où elle se trouverait ensuite capable d'accomplir l'œuvre encore plus grande d'organisation sociale, et de résoudre toutes les questions l'intéressant. Elle dépasse de bien haut en importance et en utilité, toutes les questions qui peuvent attirer votre attention, Messieurs ! Aussi voudrais-je vous les voir laisser toutes de côté, à l'exception cependant de celles dont le nombre au reste ne saurait être grand, tout à fait urgentes et qu'on ne pourrait absolument remettre, pour ne vous occuper que d'elle. La chose est parfaitement possible l'organisation actuelle du pays, sans être excellente, pouvant très bien demeurer telle quelle pendant le temps peu considérable que cette œuvre nécessiterait ; et vous ne pouvez rien entreprendre, Messieurs, de plus avantageux pour le pays et de plus digne de vos capacités et de vos talents, quelque grand qu'ils soient.

Je comprends très bien que les Monarchistes et les Bonapartistes soient peu empressés d'aborder cette œuvre, dont la réalisation doit consommer la ruine de leurs partis, et leur enlever tout espoir de ressaisir jamais le pouvoir, mais les républicains, eux, qui ont tout à y gagner, devraient s'y vouer tout entiers. Ils seraient blâmables et coupables en ne le faisant pas.

Je sais bien que les républicains s'en sont préoccupés ; que, depuis qu'ils sont au pouvoir, ils ont augmenté de beaucoup le budget de l'instruction publique, et qu'ils ont préparé une loi pour assurer la gratuité de l'instruction, (ils entendent par là mettre les frais de l'instruction des enfants de tous les membres de la nation à la charge de l'Etat), et pour obliger les pères de famille à faire donner l'instruction élémentaire à leurs enfants, à leur faire fréquenter l'école ; mais toutes ces mesures, si favorables qu'elles puissent être au développement de l'instruction, nous paraissent encore insuffisantes pour deux raisons :

La première, c'est qu'elles ne doivent profiter qu'aux générations futures, à celles qui seront chargées dans l'avenir de faire les affaires du pays, et non à celles qui en sont chargées présentement, et qu'il est tout aussi utile, plus utile même peut-être, d'instruire celles-ci que celles-là, que les générations en ce moment aux affaires peuvent en effet, si elles ne sont pas instruites, d'ici à ce que les autres y arrivent, conduire le pays à sa perte.

La seconde, c'est que le programme d'enseignement qu'on veut adopter, quels que soient ses mérites, ne mettra pas ceux auxquels il est destiné à même de voter et d'exercer leurs droits et remplir leurs devoirs de citoyens en connaissance de cause, qu'il faudra leur enseigner autre chose, ce que nous avons énuméré dans notre programme, qu'ils ne seraient pas au reste en état de bien comprendre à ce moment-là, étant trop jeunes, et qu'on leur montrera lorsqu'ils seront plus âgés, lorsqu'ils auront atteint ou seront sur le point d'atteindre l'âge de s'occuper des affaires du pays.

D'un autre côté, la loi en projet présente des inconvénients graves qui n'ont pas été relevés, ou sur lesquels on semble avoir passé bien légèrement.

En premier lieu, c'est d'enlever brusquement à l'agriculture, à l'industrie et au commerce, sans leur laisser le temps et peut-être les moyens de pourvoir à leur remplacement, tous les enfants dont ils se servent, et qui leur rendent de grands services, à l'agriculture surtout, qui les emploie à la garde de ses bestiaux.

Ensuite c'est d'imposer aux familles pauvres de grands sacrifices, que beaucoup ne seront peut-être pas en état de supporter, l'entretien d'enfants qu'elles ont l'habitude de placer hors de chez elles, de gager, et qui leur rapportent au lieu de leur dépenser.

Enfin il est à craindre qu'une fois que les jeunes gens auxquels ces lois sont destinées auront acquis l'instruction qu'on se propose de leur donner, tous ne se destinent aux professions des travaux de l'esprit, beaucoup moins pénibles en général, il faut bien le reconnaître, que celles des travaux manuels, n'abandonnent ces dernières, et ne désertent ainsi les champs, l'usine, l'atelier; ce qui peut créer, ainsi que nous l'avons dit plus haut, une situation très dangereuse, très embarrassante et très difficile.

On remédierait à ce dernier inconvénient, croyons-nous, en imposant l'obligation au père de famille, (si on décrète l'obligation de l'instruction, on peut tout aussi bien décréter celle-ci), ajoutons même que c'est une chose qui devient alors indispensable, de faire apprendre à leurs enfants, une fois leur temps d'instruction accompli, chez des particuliers, auxquels on rendrait ainsi les jeunes gens qu'on leur enlèverait pour faire leur instruction, ou dans des institutions de l'Etat qu'on pourrait créer à cet effet, une profession manuelle essentiellement utile et productive, au moyen de laquelle ils seraient toujours à même de rendre des services à la société, de trouver du travail et de subvenir à leurs besoins.

Ces professions seraient enseignées aux jeunes gens aux frais de l'Etat, pour toutes celles qu'on ne peut apprendre qu'en payant.

Il faudrait en outre, pour parer à l'avant-dernier inconvénient que nous venons de signaler, accorder des secours aux familles pauvres qui ne seraient pas en position de s'imposer les sacrifices auxquels, les mesures dont nous venons de parler, les obligeraient. Ces secours devraient être, pour chacun, proportionnels aux charges que la loi leur occasionnerait.

De plus, cette loi pèche dans ses deux dispositions principales, la gratuité et l'obligation, qui sont contraires aux deux principes droit et justice, dont il ne faut jamais se départir pour bien faire.

La gratuité, parce qu'en chargeant l'Etat de fournir à toutes les dépenses de l'instruction des enfants de tous les membres de la nation, tout le monde se trouve contribuer à ces dépenses; qu'ainsi il en est, ceux qui n'ont pas d'enfants ou ceux qui en ont moins que d'autres, qui se trouvent payer pour ceux-ci, leur faire un don, et que le droit et la justice veulent, conformément à la grande loi de la responsabilité humaine, que chacun subvienne seul à ses besoins et à ceux de sa famille; par conséquent à l'instruction de ses enfants, qui est un de ces besoins, sans que personne autre, de quelque manière que ce soit, puisse être obligé d'y contribuer, et sauf la liberté pleine et entière qui doit être laissée aux intéressés de s'entendre, se concerter, former toutes associations, prendre toutes mesures de prévoyance pour arriver à satisfaire à ces besoins, aux meilleures conditions et aux moindres frais possibles.

L'obligation, parce que le droit et la justice sont ici le droit pour le père de famille de faire de ses enfants, de les employer comme bon lui semble, jusqu'à leur majorité, c'est-à-dire jusqu'à ce qu'ils soient en âge de se diriger eux-mêmes, pourvu que cet emploi ne soit contraire ni à la morale, ni à l'ordre public, et par suite de leur faire ou non donner de l'instruction.

Maintenant, il est possible que, dans l'état actuel de la société, et pour activer davantage l'instruction des masses, il y ait de l'utilité à prendre la première disposition. La nation le peut parfaitement, puisque nous avons vu qu'elle a le droit, à la majorité, de prendre toutes mesures que bon lui semble, quand bien même elles seraient contraires au droit et à la justice ; la seule chose à craindre, en ce cas, étant que ces mesures lui soient préjudiciables, l'atteignent dans sa prospérité et sa tranquillité, et produisent des troubles, des émeutes et des révolutions. — On le peut d'autant plus facilement dans la circonstance, que la mesure ne paraît soulever aucune réclamation de la part de ceux qui se trouvent lésés.

Quant à la seconde, l'obligation, qui donne lieu à de nombreuses et vives protestations et réclamations, nous estimons qu'on agira sagement de ne pas la prendre, d'autant que nous ne lui voyons aucune utilité, et que nous pensons qu'il suffira de la première, la gratuité, pour décider les parents à envoyer leurs enfants à l'école.

Dans tous les cas, si on adopte ces deux mesures, il devient absolument urgent d'adopter celles que nous avons indiquées tout-à-l'heure comme devant en corriger les inconvénients. Il faut que, si l'Etat fait tant que de substituer son autorité à celle du père de famille, pour la direction de ses enfants, il le fasse de façon à ce que celui-ci n'ait absolument rien à lui reprocher, et cela n'arrivera que lorsque l'Etat, outre l'instruction élémentaire qu'il se propose de faire donner à tous les enfants des membres de la nation, leur fera apprendre une des professions manuelles les plus utiles et les plus productives, les mettant à même de toujours pouvoir rendre des services à la société, et partant de gagner de quoi vivre pour eux et les leurs.

Si on n'adopte qu'une de ces mesures, la gratuité, il n'y aura lieu d'adopter également qu'une des nôtres, la gratuité de l'apprentissage, de la profession manuelle, que chacun aura alors la faculté de faire donner à ses enfants, s'il le juge à propos.

Quand cela sera fait, quand l'instruction politique et sociale de la masse de la nation séra faite, on pourra sans danger adopter notre système de gouvernement. Il sera bien facile à établir. Il sera voulu et désiré par tous, nous en avons la conviction, parce que tous seront à même de reconnaître et comprendre qu'il est le gouvernement juste par excellence, conforme au droit, s'imposera par conséquent de lui-même, et il suffira que quelqu'un l'énonce pour qu'il soit immédiatement adopté et voté.

Mais jusqu'à ce que nous en soyons arrivés là, il n'y a pas lieu d'adopter ce gouvernement, et il faut conserver celui que nous avons tel qu'il est, malgré les imperfections qu'il contient.

V

Du gouvernement actuel. — Du point qui le différencie des gouvernements que nous avons eus depuis 89. — Du progrès qu'il réalise sur ces gouvernements. — De ce qu'il y a à faire pour le conserver.

Voici, comme chacun sait, en quoi consiste le gouvernement actuel du pays.

Il se compose de deux Chambres élues par la nation, dans des conditions différentes, et d'un mandataire élu par les Chambres. Ce mandataire que nous appelons nous mandataire général de la nation, titre que justifient bien ses attributions est chargé d'assurer l'exécution de la Constitution et des lois, et de gérer et administrer toutes les affaires du pays. Il choisit les ministres, les magistrats, les fonctionnaires, employés de toutes sortes, officiers de terre et de mer dont il a besoin pour l'aider dans sa tâche. Il a le droit de les changer et révoquer, à l'exception cependant d'une certaine catégorie de magistrats qui sont inamovibles. Il commande les forces de terre et de mer, et on a eu le tort de ne pas dire d'une façon formelle dans la Constitution, qu'il ne pourrait les employer qu'à assurer l'exécution de cette Constitution et des lois. La Constitution et les lois sont faites par les Chambres. On peut dire aussi que les grandes mesures d'intérêt général telles que les questions de guerre, par exemple, les grands travaux à exécuter sont prises par elles, puisqu'elles sont seules compétentes pour voter les crédits nécessaires à leur exécution. Ce sont aussi les Chambres qui sont chargées de dresser et arrêter le budget, c'est-à-dire de fixer le chiffre des dépenses du pays, et les sacrifices que chacun doit s'imposer, le contingent qu'il doit fournir en argent pour pourvoir à ces dépenses. L'initiative des lois, appartient aux Chambres et au mandataire. Les Chambres surveillent, contrôlent la gestion du mandataire; mais chose bizarre et qui laisse évidemment à désirer, le mandataire n'est pas responsable de ses actes. Ce sont les ministres seuls qui en répondent devant les Chambres. En cas de désaccord entre le mandataire et l'une des Chambres, la Chambre des députés, le mandataire a le droit, sur l'avis conforme de l'autre Chambre, du Sénat, de dissoudre la Chambre des députés, et par de nouvelles élections, d'en appeler au pays du différend.

Les Chambres sont nommées pour un temps limité, à l'expiration duquel de nouvelles élections ont lieu de plein droit. Les mêmes membres sont indéfiniment rééligibles. Le mandataire est nommé également pour un temps fixé et toujours

rééligible. Ce gouvernenemnt n'accorde point, dans leur inté-
grité, les libertés de la presse, de réunion et d'association,
et ne fait guère plus, que nous sachions, à cet égard, que
l'Empire qui l'a précédé.

Tels sont les caractères principaux de notre gouvernement
actuel. Quoique ce gouvernement soit celui des nations les
plus civilisées, et quil constitue un grand progrès sur ceux des
temps passés, d'avant 89, il contient encore des imperfections
et laisse beaucoup à désirer. Il est loin d'être conforme à celui
qui a nos préférences. Il est facile de s'en convaincre en les
rapprochant l'un de l'autre.

Le grand progrès réalisé par ce gouvernement sur ceux d'a-
vant 89, de même que par ceux qui l'ont précédé, depuis cette
époque, est surtout dans ses lois qui sont devenues bien meilleures, bien plus justes, et qui ont été complétement changées
et remaniées dans le sens des idées, des principes et des droits
proclamés par notre grande et immortelle Révolution : l'égalité
des citoyens devant la loi, la liberté pour chacun d'eux d'employer sa force, son activité, son intelligence de travailler comme
bon lui semble, de choisir et d'embrasser la profession qui lui
convient le mieux, le droit d'accession à mérite égal à tous
les emplois et fonctions publics, qui sont venus remplacer les
privilèges de toutes sortes dont jouissait une certaine portion
des membres de la nation, le plus petit nombre, aux dépens
des autres, du plus grand nombre.

Un autre progrès de ce gouvernement c'est que le droit de
faire les affaires du pays, comme bon semble, n'appartient plus,
comme autrefois, à un seul homme, s'en emparant de par droit
de naissance en dehors du consentement de la nation, mais à
plusieurs, aux membres des deux Chambres, à 7 ou 800 personnes, par conséquent, élues par la nation pour un certain
temps, et soumises à une réélection au bout de ce temps, ce
qui est infiniment préférable.

La nation peut ainsi, dans une certaine mesure, peser sur la
direction de ses affaires, en choisissant pour mandataires les

personnes qu'elle croit les plus honnêtes, les plus capables, les plus en communauté d'idées avec elle, et qui seront pour ainsi dire obligées, pour assurer leur réélection, d'étudier les vœux et les aspirations de leurs commettants et de s'y conformer.

Enfin l'arbitraire de 7 à 800 personnes paraît moins dangereux que celui d'une seule. Les chargés d'affaires des nations ne peuvent mal faire ses affaires que pour deux motifs : par incapacité ou mauvais vouloir, ce dernier motif provenant ordinairement de ce qu'ils font passer leur intérêt personnel ou celui des leurs, avant l'intérêt général, et il est moins à craindre de rencontrer cette incapacité eu ce mauvais vouloir chez sept à huit cents personnes que chez une seule. Il est à croire, au contraire, que si on veut prendre des mesures mauvaises pour le pays, lorsque ses hommes d'affaires seront sept à huit cents, il se trouve toujours parmi eux quelqu'un d'assez éclairé, d'assez honnête et d'assez courageux pour s'y opposer, pour faire voir que l'on se trompe, ou que l'on veut sacrifier l'intérêt général à l'intérêt particulier, pour faire entendre la voix de la justice, de la raison et de la vérité ; ce qui suffira le plus souvent pour empêcher l'adoption de telles mesures.

Mais tout cela n'est pas suffisant. Ce gouvernement n'assure pas encore assez à la nation que ses affaires seront faites comme elle le désire, et c'est là son grand défaut. Comme ceux qui l'ont précédé, il dessaisit trop la nation du droit qui lui appartient, qui est à elle, que personne ne peut lui contester, et qu'à notre avis elle ne devrait jamais aliéner, de faire ses affaires elle-même, ou de les faire faire comme bon lui semble. La nation s'annule trop. Elle se fait trop petite, et elle fait ses mandataires trop grands, trop puissants. Elle commet l'incroyable, l'inconcevable faute, que nous avons blamée au cours de cette étude, autant que le peu d'étendue de notre voix nous l'a permis, de laisser ses mandataires libres de faire ses affaires comme il leur plait, sans se réserver le droit de rien leur dire, et d'opposer le moindre veto aux mesures qu'ils peuvent prendre, quelque mauvaises qu'elles soient. Les rôles sont renversés. Ce ne sont pas les mandants qui sont les maîtres, ce sont les mandataires. C'est la continuation des errements d'avant la Révolution, avec les différences que nous avons signalées, comme de grands progrès, que la nation choisit elle-même ses maîtres, et qu'au lieu d'un seul elle en a plusieurs. Mais il n'en est pas moins vrai, qu'ici encore, la nation est à la merci de ses mandataires, de 7 à 800 personnes qui peuvent, pendant la durée de leur mandat, en faire ce que bon leur semble, la ruiner, la terroriser s'ils le veulent (on en a eu un exemple en 93), sans qu'elle ait légalement le droit de rien dire et de s'y opposer. Elle ne peut s'y opposer que d'une seule manière par une révolution, et les révolutions ne sont pas des moyens légaux, ce sont des mesures violentes, profondément regrettables et fâcheuses à cause de leurs conséquences toujours déplorables. On ne doit s'en servir que lorsqu'il y a nécessité absolue, et qu'on ne peut pas faire différemment, comme en 89, par exemple, mais on doit tout faire pour les prévenir, et pour faire disparaître et résoudre pacifiquement les causes qui peuvent les amener.

Ce gouvernement a un autre grand défaut, c'est, ainsi que nous l'avons déjà observé, de ne pas faire plus pour les libertés de la presse, de réunion et d'association, que celui qui l'a précédé, l'Empire. Eh! cependant, il y a lieu de remarquer, que c'est par la revendication bruyante de ces libertés, que les hommes qui le composent sont parvenus à conduire l'Empire à sa perte, à pouvoir prendre sa place, et occuper le pouvoir.

Il peut avoir les mêmes institutions et les mêmes lois que ceux que nous avons eus depuis 89, monarchies et royautés constitutionnelles, et leur être exactement semblables en tous points, sauf un seul, c'est que sous ces derniers, le chef du pouvoir exécutif, que nous appelons, nous mandataire général de la nation, est toujours pris forcément dans la même famille, à l'exclusion de toutes autres, et en dehors même, en général du consentement de la nation, tandis que sous le premier (le gouvernement actuel), il est choisi parmi tous les citoyens du pays, et élu pour un temps fixé par les représentants de ce même pays, les Chambres.

Ce point est très important, et il suffit pour rendre celui-ci, le gouvernement actuel préférable à ceux-là, ceux dont nous venons de parler.

Il n'est pas bien, il n'est pas juste, il n'est pas admissible qu'une nation laisse le droit de gérer ses affaires, c'est-à-dire d'occuper le plus haut emploi qu'elle puisse conférer, à la même famille, s'en emparant de par droit de naissance, sans son consentement, à l'exclusion de toutes autres, que cette famille soit ou non en état de fournir les hommes les plus aptes, par leurs talents et leurs vertus, à remplir ce poste élevé, parce qu'en procédant ainsi les nations sont trop exposées à avoir des mandataires ne réunissant pas les conditions désirables.

Il est bien plus naturel, plus juste, plus rationnel qu'elles choisissent elles-mêmes leur mandataire général, par l'intermédiaire de leurs représentants parmi tous les citoyens du pays. Elles ont ainsi bien plus de chances de voir leurs affaires aux mains des plus entendus et des plus dignes.

L'autre mode de procéder est un reste, une épave des abus de l'ancien régime, des monarchies de droit divin qu'il faut s'empresser de rejeter.

Par ces raisons, nous nous prononçons pour notre gouvernement actuel, qui n'est point encore celui que nous désirons, mais qui est un progrès sur les autres que nous avons eus, monarchies et royautés constitutionnelles.

Tout le monde est je crois aujourd'hui d'accord pour reconnaître qu'en principe notre gouvernement actuel vaut mieux que ces derniers, qu'il est plus juste, qu'il serait désirable que nous puissions l'adopter, mais bon nombre d'entre vous Messieurs, et des plus éminents disent aussi que nous ne le pouvons pas maintenant, que dans l'état actuel d'ignorance de la société, et alors que les autres pays sont en monarchie, il vaut mieux s'en tenir à ceux-ci.

Ils disent ;

Qu'en République les chefs du pouvoir exécutif sont exposés à changer trop souvent. Qu'ils n'ont pas le temps d'approfondir suffisamment les graves questions qui peuvent surgir dans un gouvernement, les besoins du pays , qu'ils ne peuvent pas entreprendre de travail de longue haleine.

Que par cette même raison , le pays sous la République , étant exposé à chaque instant à changer son pouvoir exécutif , ne peut pas avoir de sécurité , qu'il a toujours à craindre les Révolutions.

Qu'il est difficile avec la forme républicaine de contracter des alliances avec les autres pays, d'abord parce que ces derniers étant en monarchie n'aiment guère la République, et ensuite parce que le chef du pouvoir, avec lequel ils contracteraient, pouvant être déposé à chaque instant, et remplacé par quelqu'un ayant des idées complétement opposées, ces alliances n'offrent aucune garantie de solidité.

Enfin que la République est un gouvernement trop parfait pour nous, que nous ne sommes pas assez sages, assez raisonnables pour pouvoir en jouir ; qu'on ne trouve pas chez les républicains de bons administrateurs capables de bien gérer les affaires du pays, que les républicains les plus en vue , les chefs du parti, cenx qui occupent les emplois et les fonctions publics, sont pour la plupart des gens sans aveu, des cerveaux brûlés, des hurluberlu, ou des ambitieux sans sou ni maille, qui se sont faits républicains, sans conviction, pour se donner de l'importance, ou bien par des motifs d'intérêt, pour arriver aux honneurs à la fortune ; que les autres sont de pauvres gens que les premiers abusent par de grands mots, des phrases à effet, et qui se font républicains sans savoir au juste pourquoi.

Nous n'hésitons pas à déclarer que nous ne pensons pas comme eux, que nous ne croyons pas leurs dires fondés , et qu'avant comme après, nos sympathies sont pour notre gouvernement actuel, parce qu'il est plus juste que les autres, comme nous l'avons établi, et en second lieu par ces raisons péremptoires et irréfutables, contre lesquelles toutes autres nous paraissent devoir venir se heurter en vain, qu'il est celui que le pays semble vouloir, puisque chaque fois qu'il est consulté il nomme des représentants républicains, que le pays a en cette matière le droit de vouloir ce que bon lui semble, que lorsqu'il a parlé il doit être obéi, que personne n'a le droit d'aller à l'encontre de ses volontés ; que du reste tenter de faire une chose pareille serait vouloir attirer et déchaîner sur lui les plus violents orages, les plus sanglantes révolutions.

Il n'est pas exact de dire, surtout en ce moment, que sous la Monarchie constitutionnelle le mandataire général de la nation soit sujet à rester plus longtemps aux affaires que sous la République. Bien au contraire, le pays voulant la République, le mandataire a beaucoup plus de chances de rester longtemps dans le second cas que dans le premier. Il arrivera infailliblement que dans le premier cas, le pays qui ne veut pas de cette forme de gouvernement, la renversera par une Révolution et renversera en même temps le mandataire qu'elle avait amené. Pendant le temps qu'il sera resté aux affaires le mandataire n'aura été préoccupé, surtout que de s'y maintenir, et il n'aura eu ni le temps, ni la liberté d'esprit suffisante, pour faire les choses qu'on prétend qu'il devrait être à même de mieux pouvoir faire que le mandataire de la forme République; et ce sera ce dernier qui étant, lui, l'élu de la nation ou de ses représentants, a moins à craindre d'être renversé, qui pourra les mieux faire que l'autre.

Ici, qu'il me soit permis d'émettre un vœu dont la réalisation que je crois parfaitement possible, rendrait un grand service au pays. C'est de simplifier tellement les affaires du pays, à l'intérieur et à l'extérieur, que leur gestion ne soit plus pour ainsi dire qu'une affaire de pure administration, aussi simple qu'il est simple d'administrer une Préfecture, une Recette générale, et qu'un homme, tout aussi bien qu'un autre, peut administrer à la condition d'avoir reçu l'instruction nécessaire et d'être intelligent.

Par les mêmes raisons le pays sera bien plus en sûreté, et

aura bien moins à craindre des Révolutions, sous la forme républicaine voulue par la majorité du pays, que sous la forme monarchie constitutionnelle. Il pourra, sous la première, changer son mandataire général et opérer dans ses institutions et ses lois les réformes qu'il pourra désirer sans révolution, au moyen du vote du scrutin seul, tandis qu'il n'en sera pas de même sous la forme monarchie constitutionnelle. Lorsque le monarque et la nation ne seront pas d'accord, il faudra forcément une Révolution pour chasser le monarque. Nous ne voyons qu'un seul cas de Révolution possible sous la République. C'est lorsque le pays et ses mandataires ou représentants, qu'il a eu le tort par nous relevé de faire tout puissants, de faire ses maîtres, ne seront pas d'accord. Mais ce cas existerait tout aussi bien sous la forme monarchie constitutionnelle que sous la forme République.

Il n'est pas plus exact de dire, qu'il est plus difficile de faire des alliances sous la République que sous la monarchie. Quand une nation veut faire une alliance avec une autre, ce dont elle se préoccupe n'est point de savoir si cette autre nation est en république ou en monarchie, mais bien de l'appui, du secours qu'elle peut espérer en retirer. La meilleure des preuves que la république n'empêche pas les alliances, c'est que dans les affaires orientales, il ne nous aurait pas été, et il ne nous serait pas encore difficile, si nous l'avions voulu et le voulions, de contracter une alliance avec le pays avec lequel nous nous trouvons le plus en communauté d'intérêts, l'Angleterre, et que d'un autre côté la Russie ne demanderait pas mieux que de s'allier avec l'autre grand état en république, les Etats-Unis.

Enfin en admettant que nous ne soyons ni sages ni raisonnables, il est évident que nous ne le serons pas davantage sous une monarchie constitutionnelle ; il y a même beaucoup de probabilités pour que nous le soyons moins, parce qu'on sera allé à l'encontre de nos volontés ; et que nous aurons sans doute une idée fixe, chercher et trouver le moyen de faire une révolution pour renverser cette forme de gouvernement.

Les républicains ne seront pas non plus plus capables ni meilleurs, sous la forme monarchie que sous la république, et cependant, ce sont leurs idées qui prévaudront pour la gestion et administration des affaires du pays, puisqu'ils sont la majorité, à moins que l'on ne vienne a décider que ce n'est pas selon les idées de la majorité que l'on doit gouverner, que c'est suivant celles de la minorité, ou de quelques-uns, ou même d'un seul comme autrefois, mais alors ce ne serait plus sous la monarchie constitutionnelle que nous nous trouverions vivre, mais sous le gouvernement absolu d'un seul, ou de quelques-uns ressemblant fort aux gouvernements arbitraires et aux monarchies de droit divin des temps passés. Bien osés, selon nous, seraient ceux qui conseilleraient ou tenteraient d'établir un gouvernement semblable. Ils feraient une insigne folie, qu'ils paieraient probablement bien cher, mais qui coûterait aussi bien cher au pays, et je ne puis pas croire que personne se lance jamais dans une entreprise pareille.

Non ! ce n'est pas la monarchie constitutionnelle qui peut nous rendre meilleurs, plus sages, plus capables plus raisonnables, c'est une chose que nous avons indiquée l'instruction, la connaissance de nos intéréts politiques et sociaux, et à l'heure actuelle, pour nous, le devoir de tout homme qui aime réellement le pays est de se rallier franchement, loyalement et définitivement à la forme républicaine, puisque c'est celle que la majorité du pays désire, veut, et qu'elle a du reste raison de désirer et vouloir parce qu'elle marque une étape dans la voie du progrès. Le devoir de ceux qui savent est d'instruire ceux qui ne savent pas, et le devoir de ces derniers est de profiter des leçons qu'on leur donne.

Il est possible que le reproche qu'on fait à la nation de ne pas être sage raisonnable soit un peu fondé. J'ai reconnu moi-même, qu'en ce moment les décisions du suffrage universel peuvent laisser à désirer, que la nation peut s'égarer mais j'ai indiqué le motif de cet état de choses si regrettable, c'est l'ignorance dans laquelle la masse de la nation se trouve de ses intérêts politiques et sociaux. Quand tout le monde aura la connaissance de ces intérêts, il n'en sera plus ainsi.

De même s'il était exact de dire qu'il n'y a pas en ce moment chez les républicains d'hommes capables de gérer et administrer les affaires du pays, ce serait par les mêmes raisons, parce que les électeurs n'auraient pas su choisir, faute d'avoir été instruits de leurs intérêts politiques et sociaux, les meilleurs candidats, les plus capables, et parce que, toujours faute de cette instruction, toutes les capacités n'auraient pas pu se produire.

A la vérité, les républicains seraient bien excusables de montrer de l'inexpérience dans les affaires, en ayant été tenus, jusqu'à leur prise de possession du pouvoir, scrupuleusement écartés. Mais que la République dure, que les républicains continuent à être mêlés aux affaires, que l'instruction et l'enseignement des intérêts politiques et sociaux soient répandus comme nous le demandons, et on peut être sûr que l'on trouvera chez les républicains d'aussi bons administrateurs que dans les autres partis. Eh pourquoi n'en serait-il pas ainsi ! Est-ce qu'on ne trouve pas chez les républicains des hommes aussi intelligents, aussi instruits que dans les autres partis ? Est-ce parce qu'en voulant la République et le suffrage universel, ils démontrent qu'ils ont à un degré plus élevé que les autres hommes le sentiment du droit et de la justice et de la vérité qu'ils seraient incapables de faire de bons administrateurs ?

Il existe dès maintenant, croyons-nous, chez les républicains, des hommes de valeur capables de faire des administrateurs, des ministres de mérite, pouvant supporter d'une manière avantageuse un parallèle avec ceux des gouvernements des temps passés, monarchies et royautés. A la vérité, ce ne sont peut être pas ceux qui sont aux affaires, mais s'ils n'y sont pas, c'est de la faute des républicains qui pourraient évidemment, s'ils le voulaient, et qui devraient même, pouvons-nous ajouter, s'ils comprenaient le véritable intérêt de la République et de la nation, les y porter. Au reste, nous avons déjà eu, depuis que nous sommes en République, un ministère pouvant supporter ce parallèle, le Ministère Dufaure dont le chef est une des plus grandes illustrations du pays. Ce ministère, par ses idées modérées, sérieuses et réfléchies, a contribué puissamment à l'établissement de la République. Il inspirait la confiance, attirait vers cette forme de gouvernement, nous avait mis en de bons termes avec les puissances étrangères Il faisait grand honneur et grand profit à la République et au pays, et il est extrêmement regrettable qu'on l'ait renvoyé, surtout pour le remplacer par un premier Ministère, puis par un second qui sont loin l'un et l'autre de le valoir, et dont le programme, qui consiste à changer et révoquer les fonctionnaires, à édicter des mesures contre les congrégations religieuses, en la suppression de l'inamovibilité de la magistrature, inquiète, passionne et trouble le pays, peut paraître dangereux aux puissances étrangères, et les porter peut-être à nous chercher querelle. C'est parce que le ministère Dufaure n'a pas voulu souscrire à ce programme qu'il a été renversé, et il faut bien dire, qu'en la circonstance, c'est lui qui était dans le vrai, avait raison, et ceux qui l'ont renversé qui avaient tort. — Si nous l'avions encore, ce programme n'existerait pas, puisque pour le conserver les républicains y auraient renoncé, et le pays serait bien plus calme, plus tranquille, plus apaisé, plus rassuré, et notre situation bien meilleure.

On ne peut pas dire d'une manière formelle que ce sont les bons ou les mauvais gouvernements qui font les bons ou les mauvais administrateurs. Il se peut très bien qu'un bon gouvernement ait de mauvais administrateurs et réciproquement. Les administrateurs sont bons ou mauvais selon qu'ils réunissent ou non les capacités, les talents, l'activité, l'honnêteté, les principes d'ordre et d'économie, en un mot, les qualités et les vertus qui leur sont nécessaires. Les gouvernements ne peuvent pas donner ces qualités et ces vertus à ceux qui ne les ont pas ; ils ne peuvent pas réformer la nature humaine.

Mais quand les gouvernements sont bons, et ils sont bons quand ils sont conformes au droit et à la justice, et qu'ils confièrent bien à la nation ou aux électenrs le droit et les moyens de choisir, ou faire choisir, leurs mandataires ou hommes d'affaires à leur gré, et de les contraindre autant qu'il est possible d'agir et procéder comme bon leur semble, ils offrent et fournissent à la nation la facilité et la possibilité de n'en avoir que dé bons.

Ainsi sous le gouvernement que nous avons, il n'est pas contestable que la nation peut mieux que sous une monarchie ou royauté avoir de bons administrateurs, parce que ce gouvernement se rapproche davantage que ces monarchies ou royautés du gouvernement du droit et de la justice que nous venons de définir.

Et sous celui que nous désirons, dont nous avons donné plus haut le programme, et qui est tout-à-fait le gouvernement du droit et de la justice, il est bien certain qu'elle a toute facilité de n'en avoir que de bons. Elle ne peut plus en avoir de mauvais que pour deux raisons, par sa faute, parce qu'elle se montrerait déraisonnable, ou parce qu'elle ne trouverait pas d'hommes capables, actifs, honnêtes, entendus ; dernière hypothèse qui n'est guère admissible.

. Ajoutons que les républicains actuels et ceux qui les ont précédés, quels qu'ils soient et qu'ils aient pu être, et quelques erreurs qu'ils puissent et aient pu commettre, ont rendu deux grands services au pays, qui leur en doit une grande reconnaissance, en le dotant du suffrage universel et de la République. La seule chose à regretter, convient-il de répéter, c'est qu'en même temps qu'ils conquéraient ces biens précieux, les républicains n'aient pas fait l'instruction politique et sociale du peuple, de manière à lui apprendre à user du premïer et à comprendre toute l'utilité du second. Si cela avait été fait, nous ne nous trouverions certainemcnt pas dans les embarras où nous sommes, ces deux conquêtes seraient définitives, et nous ne saurions jamais être en danger de les perdre.

Maintenant nous avouerons franchement, que si nous étions sous une monarchie ou une royauté constitutionnelle, de par la volonté de la nation, au lieu d'être en République, nous nous contenterions parfaitement de cette forme de gouvernement et ne demanderions pas à la changer, et cela parce que, pour la changer, il faudrait faire une révolution, que ce changement de forme de gouvernement ne serait pas la solution en politique, que cette solution comporte autre chose, que nous avons indiqué, qu'il serait imprudent de faire en ce moment et qu'il nous paraîtrait préférable avant d'en venir à une Révolution, mesure toujours si grave, d'attendre d'être en position de pouvoir faire toute la besogne, afin de trancher définitivement la question politique, et de ne plus avoir à y revenir.

Nous ne voudrions pas assurer, par exemple, que le pays serait aussi patient que nous, et partagerait notre manière de voir. Il est bien possible que dans un cas pareil, il ferait une Révolution pour conquérir la forme républicaine.

Le pays jouit en ce moment de ce gouvernement de la République ; notre meilleur parti, comme nous l'avons déjà dit, est de le conserver malgré ses imperfections que nous avons signalées ; ce gouvernement étant en somme un progrès sur toutes les autres formes que nous avons eues jusqu'à présent.

Il est une chose que nous croyons fermement, c'est que nous ne reviendrons jamais aux gouvernements arbitraires des temps passés d'avant 89, aux monarchies de droit divin. Le temps de ces monarchies, du régime du bon plaisir, nous semble à jamais passé, et s'il se trouvait des hommes assez téméraires pour essayer de nous y ramener, ce ne serait qu'un immense soulèvement d'un bout de la France à l'autre. Comme l'a dit notre ancien président de la République les chassepots partiraient tout seuls, et un tel gouvernement serait trop impopulaire pour pouvoir se soutenir une minute. Je ne pense pas du reste que personne songe sérieusement à le rétablir, pas même ceux qui s'en disent partisans. Ce serait sans doute une espèce de régime mixte tenant de la monarchie de droit divin et de la monarchie constitutionnelle qu'ils nous donneraient , peut-être même la monarchie constitutionnelle pure et simple, qui peut tant ressembler à notre gouvernement actuel, et ce serait très certainement ce qu'ils auraient de mieux à faire, et la seule chose praticable.

Mais n'est-il pas à craindre que nous allions de la forme monarchie ou royauté constitutionnelle dont nous venons de parler, à la forme République que nous avons en ce moment? Telle est la question que je me propose d'examiner pour terminer cette petite étude.

Il semble que rien ne serait plus facile que de conserver la République. Les républicains ont la majorité dans les deux Chambres, une majorité même considérable dans la Chambre des Députés. Ils détiennent le pouvoir exécutif, les Ministres et tous les agents principaux du gouvernement sont républicains. Ils se trouvent être, on peut le dire, les maîtres du pays. Investis de la toute puissance, ils peuvent tout ce qu'ils veulent.

Eh bien ! dans cette situation qu'ont-ils à faire pour conserver la République ? Il faut qu'ils restent fidèles à leur devise d'autrefois, aux deux principes de liberté et égalité qui les ont conduits au pouvoir, et que sous leurs auspices ils fassent bien les affaires du pays, qu'ils le gouvernent bien, sagement. En agissant ainsi ils sont certains de réduire les autres partis à l'impuissance et au néant, et d'assurer le maintien de la République.

Ces autres partis sont au nombre de trois, les légitimistes qui n'ont aucune influence, dont personne ne veut, les orléanistes, qui depuis leur fusion, ne sont plus à proprement parler un parti, puisqu'ils sont rangés sous la bannière de la légitimité, qui représentent cependant la monarchie ou royauté constitutionnelle, mais qui n'ont pas non plus beaucoup de partisans, et sont peu à craindre ; enfin les bonapartistes qui représentent aussi la monarchie constitutionnelle, qui sont beaucoup plus nombreux, et qui forment le parti le plus redoutable et le plus dangereux. Mais ce parti a perdu bien de sa force depuis la mort de celui qui en était la personnification, du Prince Impérial, à cause des divisions qui y ont éclaté, des dissensions qui s'y sont produites, et il n'est à craindre au surplus, quand bien même il recouvrerait son unité, redeviendrait ce qu'il était, que tout autant que les républicains feront des fautes. S'ils n'en font pas, s'ils gouvernent bien, sagement, s'ils donnent des preuves de capacité, ils s'attacheront définitivement ceux qui ont voté pour eux, et qui suffiraient seuls pour maintenir cette forme de gouvernement, et ils rallieront en outre beaucoup de ceux qui ont voté contre eux, qui finiront par s'apercevoir que ce gouvernement est de tous ceux que nous avons eus, celui qui se rapproche le plus du droit et de la justice, qui le voient peut-être déjà, mais qui ne viennent pas à lui, parce qu'ils n'ont pas confiance dans les hommes le composant, qu'ils considèrent comme des gens incapables, de mauvais administrateurs ; et ils n'auront plus rien à craindre du parti bonapartiste qui, comme nous le disions tout à l'heure, sera forcément obligé de s'éteindre et disparaître.

Toute la question est donc là. Bien gouverner. Si on gouverne bien, la République est définitivement fondée. Si on gouverne mal, elle peut encore nous échapper pour nous revenir plus tard à n'en pas douter, mais en nous obligeant à faire des révolutions pour la reconquérir. Le sort de la République est donc entre les mains des républicains, et si nous la perdons encore on pourra dire sûrement que ce sera par leur faute. Ils sembleront ainsi donner raison aux partisans de la monarchie qui disent, que dans le parti républicain, il n'y a pas d'hommes capables, de bons administrateurs.

Pour bien gouverner que faut-il ? Il faut que les administrateurs du pays, mandataire général, ministres et agents de toutes sortes fassent leur devoir, remplissent leur mandat qui consiste, pour les premiers, à faire exécuter la constitution et les lois, et pour les autres, à tenir comme ils le doivent l'emploi qu'ils occupent. Les premiers doivent surveiller la gestion des derniers. Il faut en outre que les représentants du pays Chambre des Députés et Sénat qui sont chargés de surveiller la gestion des uns et des autres, qui sont tout dans le pays s'acquittent bien aussi de leur tâche, ne cherchent pas de mauvaises querelles à ces administrateurs, et ne veuillent et ne prennent que des mesures justes et utiles.

Malheureusement depuis qu'ils sont au pouvoir, les républicains se sont déjà écartés de ces règles en plusieurs circonstances. Nous allons citer les principales.

Ils s'en sont écartés dès le 16 Mai. Ce sont eux qui en obligeant M. Jules Simon à venir tenir, du jour au lendemain, un langage différent sur le même sujet, contraire à celui qu'il avait promis de tenir en conseil des Ministres, et cela sans prévenir ni le Maréchal ni ses collègues, sans y être par conséquent autorisé par eux, et sans, qu'au cours du débat, il ait été produit aucun argument nouveau ayant pu l'entraîner, le déterminer, ont amené cette crise du 16 Mai.

Le Maréchal qui occupait alors la présidence de la République ne crut pas pouvoir, dans de telles conditions, conserver M. Jules Simon à la tête du Conseil, et sur l'avis conforme du Sénat, il prononça la dissolution de la Chambre des Députés, et fit procéder à de nouvelles élections après avoir pris un ministère de droite.

Il faut avouer que l'attitude de M. Jules Simon en la circonstance fut bien étrange. On comprend qu'un ministre qui soutient une opinion, se range à une opinion contraire, après débat, lorsque des raisons convaincantes lui sont données, qu'on lui démontre qu'il a tort. Nul, pas plus un ministre qu'un autre, n'est exempt d'erreur et ne doit hésiter à reconnaître ses torts, lorsqu'il s'en aperçoit, ou qu'on les lui montre. Il n'y a pas de deshonneur à cela, au contraire. Un tel acte honore celui qui en est l'auteur et prouve en sa faveur. Il établit qu'il est un homme honnête, loyal, aimant la vérité. Mais ce qui n'est pas compréhensible, et c'est ici le cas, c'est qu'un ministre se rallie à cette opinion contraire, sans motifs sérieux, valables, déterminants. C'est là un fait anormal et qui ne devrait pas se produire, c'est une situation fausse dans laquelle un ministre ne devrait pas se mettre, et qui ne peut guère être tolérée par un chef de Pouvoir exécutif.

On ne saurait donc blâmer le Maréchal d'avoir exigé la démission de M. Jules Simon. Seulement, à d'autres points de vue la conduite du Maréchal nous semble condamnable. Il aurait dû prendre pour remplacer M. Jules Simon, un ministre adhérent au premier discours de celui-ci dans le parti républlcain, qui pouvait croyons-nous le lui fournir parfaitement, et si le ministère ainsi complété eut été renversé, faire avec lui ce qu'il a fait, avec son ministère de droite, la dissolution. La situation y eût beaucoup gagné en netteté et en clarté. D'un côté, il y aurait eu les républicains de liberté et de l'autre les républicains de despotisme. Elle eut été bien mieux comprise des électeurs qui auraient sans doute donné raison aux premiers, et nous aurions ainsi pu prendre un ministère Dufaure, ou de nuance identique, et éviter toutes les difficultés de l'heure présente. Le Maréchal ayant été placé à la tête de la République devait faire tous ses efforts pour la conserver. Il devait employer tous les moyens de conciliation possible pour gouverner avec les partisans de ce régime. Il lui était absolument interdit de se tourner du côté de ses adversaires ; il devait plutôt donner sa démission comme il l'a fait depuis. Dans tous les cas, il ne pouvait avoir l'ombre d'une excuse à prendre un ministère de droite, que tout autant qu'il se serait trouvé dans l'impossibilité manifeste et absolue d'en trouver un dans les rangs républicains.

Cette crise a été une grande cause d'inquiétudes et d'alarmes pour le pays. Elle a failli nous faire perdre la République. Il s'est trouvé que par un hasard, qu'on pent je croïs qualifier de providentiel, elle a tourné à son profit. C'est jouer de bonheur, assurément ! mais quand elle s'est produite, il était impossible de pouvoir prévoir ce résultat. On ne le pouvait même pas après le 14 octobre. A ce moment, il fût question d'un coup d'Etat, et qui peut dire ce qui serait arrivé si cette funeste idée eût prévalu, et si le Maréchal n'eût pris le parti beaucoup plus sage de se démettre de ses fonctions.

Eh bien ! il est certain que les motifs pour lesquels les républicains ont provoqué cette crise n'étaient pas fondés. Il est certain que la première attitude de M. Jules Simon, qui consistait à dire que les Evêques, en tenant le langage qu'on avait relevé, n'avaient fait qu'émettre leur opinion personnelle, et non l'opinion du gouvernement, qui ne s'associait nullement à leurs dires et les regrettait, était juste, vraie, correcte. Que les Evêques sont des citoyens tout comme les autres hommes, qui doivent avoir le droit, tout comme eux, et dans les mêmes conditions, de dire ce qu'ils pensent. Il est à peu près certain aussi que ces explications auraient satisfait l'Italie, qui du reste, n'avait absolument rien demandé, et qu'elles nous auraient mis en aussi bons termes avec elle que celles qu'on a forcé M. Jules Simon à fournir.

D'autre part, la situation dans laquelle on se trouvait ne commandait nullement de risquer quelque chose d'aussi dangereux que cette crise. Nous étions dans une situation moins bonne que maintenant parce que les républicains n'étaient en majorité que dans une Chambre, la Chambre des Députés ; que cette majorité était moins forte que celle actuelle ; et qu'ils étaient en minorité dans l'autre Chambre ; mais la majorité de la Chambre des Députés était suffisante pour assurer la prépondérance aux républicains ; et tout démontre qu'en se montrant sages, capables, en ne demandant que des choses justes, utiles, on était sûr d'augmenter cette majorité, d'arriver à l'obtenir dans l'autre Chambre, et qu'on se trouvait, dès ce moment, en position de pouvoir conserver le gouvernement de la République.

M. Jules Simon a eu tort de céder en la circonstance aux républicains, mais tout le monde peut se tromper, même les plus grands d'entre les hommes, et il ne faut pas que la nation lui retire ses sympathies à cause de cela ; d'autant que M. Jules Simon paraît animé en ce moment des meilleurs sentiments, qu'il peut lui rendre les plus grands services, et y semble disposé, et que le concours d'un homme d'une aussi grande valeur est trop précieux pour qu'on puisse le repousser, et qu'on ne fasse pas tout au contraire pour se l'attacher. Il a bien, au reste, plus que racheté la faute qu'il a pu commettre par sa conduite récente, et son éloquente défense de la politique de liberté et de prudence, au Sénat, lors de la discussion des lois sur l'instruction et d'amnistie.

Ils s'en sont encore écartés en procédant à l'invalidation des élections d'un grand nombre de candidats conservateurs. Les électeurs ont le droit de choisir, qui bon leur semble, comme représentants, et leurs volontés doivent être respectées, leurs décisions obéies. Elles ne peuvent être infirmées que dans un seul cas, lorsqu'ils n'ont pas été libres d'agir à leur gré, ou lorsqu'il y a eu fraude dans les opérations électorales, par exemple, que les bulletins des électeurs ont été changés pour d'autres, qu'on a fait voter des gens qui ne se sont pas présentés ; mais ici on ne trouve rien de semblable. Les causes que l'on a fait valoir pour demander et obtenir ces invalidations, les affiches blanches, les articles de journaux n'ont en aucune façon entravé la liberté des électeurs, qui ont pu, partout, comme nous l'avons déjà dit, préparer chez eux le bulletin de leur choix, le porter tout plié dans l'urne, et voter ainsi sans que personne puisse savoir pour quel candidat, et il n'a pas été signalé de fraudes, dans les opérations, ayant pu modifier et déplacer le résultat du vote.

Les républicains n'étaient donc pas fondés à faire ces invalidations. De plus, elles ne leur étaient d'aucune utilité. Elles leur ont fait gagner à la vérité quelques sièges, mais ils n'en avaient pas besoin, ils possédaient sans cela une assez forte majorité.

Ils ont commis là sans raison, gratuitement, on peut dire, un acte injuste, un manquement grave à leurs principes de liberté et d'égalité d'autrefois, acte et manquement qui leur seront éternellement reprochés, dont ils

ne pourront jamais se disculper, et qui ne peuvent que leur
avoir fait perdre en considération dans le pays. Victorieux
comme ils l'étaient, et avec la majorité qu'ils possédaient, ils
devaient, ils le pouvaient sans danger, agir grandement, large-
ment. Au lieu de cela, ils se sont montrés petits, mesquins
rancuneux. C'est une grande faute, une grande maladresse de
leur part, car ils ont créé un bien fâcheux précédent, ils ont
donné un bien mauvais exemple à leurs adversaires. Il les ont
autorisés à faire comme eux le cas échéant, et se trouvent ainsi
avoir élevé, de leurs propres mains, sur la route qu'ils peuvent
avoir à parcourir plus tard, un obstacle bien difficile à franchir,
qui les arrêtera bien longtemps , et leur demandera bien des
efforts si, venant à perdre la République, il leur faut la reconquérir.

Ils ont tort de frapper de disgrâce et de révocation beaucoup de fonctionnaires, uniquement parce qu'ils ne sont pas
républicains.

Dans un pays de suffrage universel où toutes les réformes et
les améliorations, dans les institutions et les lois, peuvent et
doivent être obtenues par le moyen pacifique du bulletin de
vote, qui est venu remplacer les moyens violents, les émeutes,
les révoltes, les insurrections, les révolutions, liberté doit être
laissée à chacun, aux fonctionnaires qui sont citoyens, et en
général les citoyens les plus intelligents du pays, aussi bien
qu'aux autres, d'avoir une opinion en matière politique et
sociale, de l'exprimer et de chercher à la faire prévaloir, mais
par le moyen pacifique et non par les moyens violents dont
nous venons de parler. Nous avons même eu occasion de dire
plus haut qu'il est du devoir de tous d'user de cette liberté, que
ce n'est qu'à cette condition qu'on a toutes chances d'obtenir
les meilleures institutions et les meilleures lois.

Seulement, ce que le gouvernement, ceux qui détiennent le
pouvoir doivent faire, c'est arriver à empêcher les fonctionnaires d'exercer aucune pression sur l'opinion de leurs compa-
triotes, des membres de la nation, au moyen de leurs fonctions

et des prérogatives qui peuvent y être attachées. On y parviendrait en obligeant tous les fonctionnaires à agir à l'égard de tout le monde, et à rendre justice à tous de la même manière. Il faudrait veiller, surtout, à ce que ceux que le gouvernement à chargés de distribuer les faveurs et les secours qu'il alloue aux départements, aux communes et aux particuliers, et de nommer à certains emplois accordent ces secours, ces faveurs et ces emplois à ceux qui les méritent réellement et en sont les plus dignes, sans acception de partis ni de personnes. C'est en effet par la liberté laissée aux fonctionnaires ou l'obligation à eux faite par le gouvernement, dans ces différents cas, de favoriser les uns, ceux qui sont dans leur opinion ou dans l'opinion du gouvernement, à l'exclusion des autres, qu'ils sont susceptibles d'arriver à avoir de l'influence sur certains électeurs. Il se peut que ceux qui ont besoin de ces faveurs, ou les desirent, se décident à se ranger à l'opinion qu'il faut absolument avoir pour les obtenir. Il n'en serait jamais de même évidemment, si l'obligation dont nous venons de parler était imposée aux fonctionnaires.

C'est là tout ce qu'il y a lieu de faire dans l'intérêt des électeurs, des membres de la nation. Il leur importe peu que les fonctionnaires soient républicains, bonapartistes ou monarchistes, pourvu qu'ils soient obligés de se conduire vis-à-vis d'eux comme nous venons de le dire.

Cette liberté d'opinion est ce que les républicains n'ont cessé de réclamer, à juste titre pour les fonctionnaires, lorsqu'ils étaient la minorité, l'opposition, et ils sont bien mal venus, en vérité, aujourd'hui qu'ils sont la majorité, à ne plus vouloir la leur accorder. On ne voit qu'une raison pouvant les pousser à commettre une semblable contradiction, une raison toute d'intérêt personnel, essentiellement condamnable, à laquelle une nation qui a véritablement souci de ses droits et de ses devoirs ne devrait pas tolérer que ses représentants obéissent, celle de s'emparer de tous les emplois et fonctions, pour les distribuer à leur gré, et en faire profiter leurs parents, leurs amis et les gens influents qui peuvent leur rendre des services, lors des élections, faire voter peur eux.

Un vrai gouvernement de suffrage universel doit pouvoir supporter sans danger, cette liberté d'opinion des fonctionnaires, dans les conditions où nous la demandons. Nous pensons que le gouvernement dont nous jouissons le pourrait également. Cette liberté a existé, dans une certaine mesure, sous les gouvernements de MM. Thiers et du maréchal de Mac-Mahon, sans qu'ils s'en soient trouvés affaiblis. Ils étaient au moins aussi forts que celui que nous avons en ce moment, et ils se trouvaient cependant dans de moins bonnes conditions, la majorité républicaine d'alors étant moins nombreuse que celle d'aujourd'hui.

Mais en admettant même, que dans l'état actuel de la société, il soit dangereux d'accorder cette liberté d'opinion des fonctionnaires, il ne fallait pas dans tous les cas procéder comme on l'a fait. On devrait y mettre plus de circonspection et de mesure. Il y avait lieu de prévenir les fonctionnaires de ce qu'on exigeait d'eux, et de ne les frapper que tout autant qu'ils se seraient mis en état d'hostilité et de révolte ouverte, bien et dûment constatée, contre les institutions actuelles, et encore pouvait-on, était-il habile de passer sur certains de ces actes, sans grande importance, à la condition que leurs auteurs les auraient désavoués, et auraient promis de n'y pas retomber. Il fallait, suivant la belle pensée si juste et si vraie qui a été émise par les républicains et qui a eu tant de succès, précisément croyons-nous parce qu'elle est essentiellement juste et vraie, et qu'ils ont si peu suivie, laisser la République ouverte à tous. Notre pays ayant toujours vécu sous la monarchie pour ainsi dire, n'ayant été et n'étant soumis au régime républicain que pendant et depuis quelques années seulement, il n'est pas étonnant qu'il y ait beaucoup de fonctionnaires attachés à cette première forme de gouvernement. On devait leur donner le temps de s'en détacher et de venir à la République. Très certainement, il est permis d'affirmer que la République durant, et gouvernant bien, beaucoup s'y seraient ralliés. Ils eussent été d'excellentes recrues pour la République, tandis qu'ils sont devenus ses ennemis irréconciliables, qu'ils peuvent lui faire beaucoup de mal, et lui faire courir de grands dangers.

En prenant les décrets du 29 Mars, qui ont pour objet d'interdire le droit d'enseigner aux congrégations religieuses non autorisées, on vient de faire une acte injuste contraire au droit ; les hommes composant ces congrégations sont des citoyens absolument comme les autres hommes, ils doivent avoir les mêmes droits qu'eux, par conséquent celui dont nous venons de parler absolument comme eux, et dans les mêmes conditions, c'est-à-dire à la condition, à laquelle ils satisfont pleinement, d'être munis des diplômes nécessaires, et de n'en pas faire un usage contraire à la morale et à l'ordre public. Je trouve même que l'on pourrait faire plus, laisser ce droit ou la liberté pleine et entière à chacun, aux ecclésiastiques comme aux autres hommes, sans qu'il soit besoin de justifier d'aucun diplôme et de quelque étude que ce soit, d'enseigner ce qu'il peut savoir, sous la seconde des conditions de tout à l'heure seule.

Les républicains ne peuvent absolument rien gagner à cette mesure qui a, au contraire, le tort d'être opposée à l'intérêt du pays, parce que les congrégations, que l'on veut frapper d'interdit, sont un élément de concurrence pour les institutions d'enseignement de l'Etat, et que le pays a tout intérêt à ce que cette concurrence subsiste, qu'elle est un stimulant qui oblige, les uns et les autres, à faire du mieux, et au meilleur compte qu'il leur est possible.

De plus, il y a lieu de croire qu'elle n'est pas légale, car, d'une part, les hommes du gouvernement qui avaient d'abord déclaré publiquement au Sénat que les tribunaux décideraient de cette question, refusent aujourd'hui de la laisser porter devant eux, et d'autre part plus de deux cents magistrats, et de magistrats républicains, puisqu'ils appartiennent tous ou presque tous à la magistrature debout sur laquelle l'épuration est passée, préfèrent se démettre de leurs fonctions, et briser ainsi leur carrière, que de concourir à la faire exécuter et d'y donner un semblant d'adhésion.

En sorte, que l'on peut dire, que cette mesure n'a absolument aucune raison d'être, et qu'ici encore c'est gratuitement que les républicains ont déserté leurs deux principes de liberté et d'égalité.

On ne peut l'expliquer que, d'une seule façon, par le besoin que la majorité républicaine qui, avant d'être au pouvoir, a tant critiqué la manière d'agir des gouvernements qui l'occupaient, a pu éprouver de procéder autrement que ces gouvernements, de faire du nouveau, mais il faut avouer que dans la circonstance elle a été bien mal inspirée et qu'elle n'a pas eu la main heureuse.

L'amnistie totale a eu pour but d'absoudre tous ceux, sans exception, qui ont pris pris part aux abominables forfaits de la commune, à l'assassinat des otages, à l'incendie de nos plus beaux monuments ou s'y sont trouvés compromis ; par conséquent les plus coupables d'entre ces hommes, et ceux qui ne se repentent nullement, qui revendiquent la grâce comme une, chose qui leur est due, qu'ils n'ont pas besoin de demander, pour laquelle ils n'ont aucune reconnaissance à avoir à ceux qui la leur accordent, qui font entendre des paroles de haine et de menace contre la société, parlent de revanche, et manifestent hautement leur intention de commettre de nouveaux crimes, et de recommencer une nouvelle commune, à la première occasion propice.

Eh bien ! je trouve qu'on est allé trop loin. Je veux bien que parmi les condamnés de la commune, il y a eu des égarés auxquels il était bien de pardonner. Je concède même que l'on pouvait pardonner à tous ceux qui se sont bien conduits dans l'exil et ont manifesté du repentir de ce qu'ils avaient fait, mais je suis d'avis qu'il ne fallait pas dépasser ces limites très larges d'ailleurs. Les condamnés dont nous venons de parler sont des incorrigibles qu'il fallait laisser où ils étaient, et c'est vouloir multiplier à plaisir les obstacles, sous les pas de la société, que de les rappeler.

Que dirait-on d'un particulier qui, ayant été volé ou ayant essuyé une tentative d'assassinat, demanderait la grâce du coupable de ces crimes, alors que celui-ci ne manifesterait aucun repentir de ce qu'il a fait, et annoncerait au contraire hautement son intention de recommencer, à la première occasion propice, et le ferait revenir près de lui. On ne pourrait avoir qu'une bien petite idée de son intelligence de sa sagesse et de sa raison. C'est cependant ce que la nation fait ou, pour parler plus exactement, ce que l'on fait en son nom par l'amnistie totale, et il y a lieu de remarquer que ceux qu'elle absout sont aussi coupables, sinon plus, que les condamnés ordinaires de droit commun, car leurs crimes atteignent la nation tout entière tandis que ceux de ces derniers ne nuisent qu'à quelques particuliers.

Personne d'entre ceux qui ont demandé et soutenu cette mesure dans les Chambres et les Conseils du gouvernement, n'a cherché à atténuer l'odieux des crimes commis. Tous au contraire les ont nettement et énergiquement flétris, et voici les raisons qu'ils ont fait valoir. Ces raisons sont au nombre de quatre, dont trois sans valeur et l'autre inexacte.

On a dit que dix années s'étant écoulées depuis les faits de la commune, les condamnés avaient suffisamment expié leurs fautes et leurs crimes, par leur séjour dans les bagnes, pendant ces dix années. Mais à ce compte pourquoi ne pas absoudre, au bout du même laps de temps, les criminels de droit commun, qui ne sont pas plus coupables que ceux-ci, peut-être même moins, comme nous l'observions tout à l'heure.

On a donné pour seconde raison que ces hommes seraient moins dangereux lorsqu'on leur aurait remis leur liberté. Mais à qui fera-t-on croire une chose pareille, à qui fera-t-on croire que des condamnés qui ne se repentent pas, qui ont déjà réussi à entraîner dans leurs projets criminels un grand nombre de pauvres gens, seront moins dangereux lorsqu'ils pourront aller et venir, sur tous les points du territoire, communiquer avec tous les citoyens, prêcher leurs mauvaises doctrines qu'enfermés dans les bagnes dont ils ne peuvent sortir, et où ils ne peuvent communiquer qu'avec leurs compagnons de chaîne. Est-ce que les bagnes n'ont pas été établis pour mettre les criminels dans l'impossibilité de nuire? S'il en était autrement pourquoi les conserver et ne pas les supprimer ?

Pour troisième raison on a déclaré que le pays est assez fort pour n'avoir rien à redouter de ces hommes, que s'ils tentaient à nouveau de se révolter on en aurait facilement raison. Je le veux bien croire et le désire de tout mon cœur. Mais n'aurait-il pas mieux valu ne pas s'exposer à avoir à sévir contre eux, et d'un autre côté, à ce compte encore, si la nation n'a rien à craindre de ces hommes, beaucoup plus dangereux pour elle que les criminels ordinaires, pourquoi ne rappelle-t-elle pas ceux-ci? Pourquoi deux poids et deux mesures ?

Enfin comme dernière raison, et après avoir affirmé moins de six mois auparavant que l'amnistie n'était pas possible, que le pays n'en voulait pas, on est venu dire tout d'un coup que les choses avaient changé, qu'il s'était établi un courant d'opinion en faveur de cette mesure et que le pays la désirait absolument, ce qui est inexact. L'amnistie n'a jamais été demandée et voulue que par les mêmes hommes, une infime majorité, les radicaux, le pays n'en a jamais été partisan et je suis sûr que si on l'eût consulté directement à ce sujet sa réponse aurait été négative. La vérité est que cette mesure n'est qu'une concession aux radicaux pour les faire tenir tranquilles, et une concession inutile et dangereuse parce que, d'une part, on n'atteindra pas le but qu'on s'est proposé : les radicaux ne se tiendront pas plus tranquilles qu'auparavant ; ils ne se tiendront tranquilles que lorsqu'on aura adopté entièrement leur programme ou qu'ils occuperont le pouvoir ; et que d'autre part cette concession peut conduire à en faire d'autres encore pires.

Toutes ces infractions à ces règles de bien gouverner, ces mesures mauvaises, quoiqu'elles aient jeté la division dans le parti républicain, les trois dernières surtout, n'ont point encore amené la perte de la République, mais elles le pourraient très bien faire. On a vu tomber des gouvernements pour moins que cela. Il se pourrait très bien qu'à la longue , ces mesures injustes et mauvaises soulèveraient contre elles la grande majorité du pays, que dans l'ignorance où l'on est généralement du mécanisme gouvernemental , que j'ai essayé de montrer dans cette étude, dans toute sa simplicité, cette grande masse de citoynes n'accuse la forme du gouvernement d'en être la cause, alors que c'est à ses hommes d'affaires seuls , ses députés et sénateurs, qu'elle devrait s'en prendre, qu'elle croie nécessaire de changer cette forme de gouvernement pour remédier à cet état de choses, alors qu'il suffirait de changer ceux qui en sont les auteurs , ses hommes d'affaires ou représentants, et de les remplacer par d'autres ne le voulant pas , mais voulant comme ceux-ci conserver la forme de gouvernement existante.

Ces choses sont d'autant plus à craindre que les électeurs sont engagés à en juger ainsi par les adversaires du gouvernement , par les monarchistes , orléanistes et bonapartistes qui profitent de ces fautes pour le combattre, et tâcher de le renverser afin de se mettre à sa place.

Cependant comme cette grande masse de citoyens, à la condition bien entendu que le gouvernement saura tenir sa promesse , empêcher les amnistiés de nuire à la société, n'est pas atteinte dans ses intérêts par ces mesures , il est bien possible qu'elle les souffre sans protester ni réclamer.

Mais si on veut qu'il en soit ainsi , et si on veut être assuré de conserver la République , il ne faut pas faire d'autres concessions aux radicaux , adopter d'autres parties de leur programme de nature à nuire aux intérêts de la grande masse de la nation. Il ne faut pas en venir notamment à la séparation de l'Église et de l'État et à l'abolition de la propriété, qu'ils paraissent demander depuis quelque temps, et qui auraient cette conséquence , par ces raisons que j'aurais été bien aise de développer, si cette étude n'était déjà très longue, pour la pre-

mière de ces mesures qu'elle conduirait à la perte de la religion, que l'Église vit de son propre fonds, de sa propre chose
et qu'en conséquence le grand argument de ceux qui deman-
dent la séparation, qu'ils veulent que les prêtres soient payés
par ceux qui les emploient, n'est pas fondé, et pour la seconde,
qu'elle supprimerait le grand levier de la civilisation et du
progrès, l'intérêt personnel.

Il ne faut pas non plus que les républicains prennent d'autres mesures qui ne soient pas justes. Sans doute la République
se rapproche davantage que les autres formes de gouvernement,
du droit et de la justice, mais il ne faut pas croire, à cause de
cela, comme beaucoup le semblent faire, que forcément les
nations seront bien gouvernées parce qu'elles seront en République. Pour qu'une nation soit bien gouvernée, qu'elle soit en
République, en monarchie, et même sous le gouvernement de
notre choix, le gouvernement du droit et de la justice, il faut
deux choses : la première, c'est que les chargés d'affaires,
président de République ou rois, ministres et fonctionnaires
remplissent bien leur mandat, qui consiste à faire exécuter la
constitution et les lois ; la seconde, c'est que la nation elle-
même, par l'organe de ses mandataires ou directement, ne
demande et veuille que des choses justes et utiles. Sans cela,
nous aurons beau être en République, et même sous le gouvernement du droit et de la justice que nous désirons, ce
gouvernement aura beau être le meilleur qui soit au monde
nous serons mal gouvernés, nos affaires iront mal, nos gouvernements ne seront pas solidement assis, et on pourra les
renverser facilement.

CONCLUSION

Ce qu'il faut, c'est, comme nous l'avons dit, laisser toutes choses en état pour faire l'instruction politique et sociale des citoyens, de la nation en lui enseignant les choses que nous avons indiquées, entre autres celles ci-après si importantes que l'on peut arriver, pensons-nous, à lui faire entendre dans une leçon, le néant du programme des radicaux, comment il faut s'y prendre pour arriver à avoir de bons mandataires, de manière à la mettre à même de résoudre définitivement, en principe, les deux grandes questions, qui ne lui laisseront aucune tranquillité et aucun repos, tant qu'elles existeront, la question politique, dont nous croyons avoir été assez heureux pour trouver la solution, et la question sociale, si elle n'est pas toutefois résolue, et lorsque la solution lui en sera indiquée.

Sûrement alors, tous ceux qui peuvent prendre part à ce travail se trouvant en état de le faire, par l'instruction qui leur aura été donnée, il est permis de penser que la solution de cette question sociale sera découverte, ou que si elle l'est déjà on arrivera à en acquérir la certitude et à en établir la preuve ; qu'il en sera de même pour toutes autres questions intéressant la nation, qui pourra ainsi attendre les plus hauts sommets de la prospérité et de la grandeur. Ce sera le moment pour les radicaux de produire leurs idées, avec toutes chances de les faire admettre, si elles sont justes et praticables.

Voilà messieurs, croyons-nous, les meilleurs moyens à employer pour conserver la République, ce qu'il faut que vous fassiez pour agir au mieux des intérêts, des besoins et des aspirations du pays, pour produire l'apaisement et la tran-

quillité dans les esprits, pour fermer l'ère des révolutions violentes, pour maintenir la nation, assurer et fortifier sa marche
dans la voie de la civilisation et du progrès ; enfin pour empêcher que notre société, qui en est au point où les sociétés grecque et romaine se trouvaient, lorsqu'elles sont tombées, n'ait
le même sort qu'elles. Voilà, messieurs, ce que vous pouvez
faire, sans que l'on puisse vous accuser de renier vos convic-
tions ; la plupart des idées que nous venons d'exprimer étant
nouvelles.

Cette œuvre, vous pouvez, messieurs, nous vous l'avons
déjà dit, facilement l'accomplir. Il n'est même pas besoin que
vous vous en occupiez tous ; quelques-uns d'entre vous peuvent
y suffire à la condition d'être quelque peu experts dans l'art de
parler et d'écrire. Ceux qui l'entreprendront sont sûrs de réussir, de rallier le pays à eux, d'arriver promptement au pouvoir
parce qu'ils seront dans le vrai et que, Dieu merci, en ce monde,
la vérité finit toujours par prévaloir ; que s'il en était différemment ce serait à désespérer de la civilisation et du progrès et
de toutes choses. Il suffit pour cela que les plus autorisés, les
plus considérables par l'éloquence et le talent fassent, ce que
M. Naquet a fait pour le divorce, parcourent tous les arrondissements de France pour exposer ces idées. Très certainement
ils trouveront partout, des adhérents qui se chargeront d'aller
les colporter, avec tous les développements nécessaires, sur tous
les points des arrondissements, et qui seront des candidats tout
désignés pour les élections à tous les degrés. Mais il serait extrêmement urgent de s'occuper de cette œuvre sans retard : les
mauvaises doctrines, les doctrines radicales contre la famille,
la propriété, la religion gagnent du terrain tous les jours ;
malheureusement, il faut bien l'avouer, n'étant pas assez
vigoureusement combattues, et si on attendait plus longtemps
et qu'elles s'étendissent davantage, il se pourrait que le mal
qu'elles auraient fait fût trop grand pour qu'on puisse le combattre victorieusement, et que la nation fût forcée de succomber.

Telle est, messieurs, l'opinion que j'ai cru de mon devoir de venir soumettre à votre haute appréciation. — Fasse le Ciel qu'elle soit ce que je la crois, que vous le reconnaissiez et en fassiez l'application ! — C'est le vœu le plus cher que forme, dans son ardent amour pour son pays et l'humanité, et son grand désir de leur rendre service.

Votre très humble, et très obéissant serviteur,

Un Electeur.

Rochefort-sur-Mer, ce 25 Août 1880.

La Rochelle. — Typ. A. SIRET.